LES LECTRICES ONT AIMÉ !

« Pascale Rault-Delmas signe ici u… …n-nant. Je n'ai eu qu'une seule envie … personnages tout au long de leur co…
Hélène, de @lespetiteslecturesdhelene

« Dans ce roman, l'autrice aborde le sujet délicat … nité, de la paternité, du désir d'enfant et de son impact a… du couple à travers deux destins de femmes. J'ai apprécié qu'un point de vue masculin soit aussi au centre de ce désir d'enfant. L'amitié féminine et le soutien entre femmes sont aussi au cœur de l'histoire. Un roman bouleversant et émouvant sur le désir de maternité. »
Louise, de @livres.et.compagnie

« J'ai passé de très bons moments de lecture en compagnie de ce livre. L'intrigue m'a plu et le rythme est prenant. »
Anne-Sophie, de @escaleenborddepage

« Je n'ai pas réussi à lâcher le roman tant que le chassé-croisé de nos personnages n'avait pas pris fin. Le style de Pascale Rault-Delmas est tellement fluide que j'enchaînais les pages sans m'en rendre compte. J'ai trouvé les personnages très attachants, surtout dans leurs moments de détresse. »
Alexandra, de @chromopixel

« Le roman est bien construit, les chapitres relativement courts permettent de donner un rythme soutenu à la lecture. J'ai été très rapidement happée dans l'histoire de ces femmes en recherche d'enfants, et je n'avais qu'une envie : connaître l'issue de leurs combats. »
Debora, de @debora.moloc

« Pascale Rault-Delmas écrit un émouvant roman sur la quête de parentalité. À travers le destin croisé de quatre personnages, on suit avec douleur et émotion ce parcours semé d'embûches. On oscille entre espoir et désespoir au rythme des rebondissements. Un beau moment d'émotion qui vous mettra les larmes aux yeux ! »
Aurélie, de @aurelivres57

Pour en savoir plus sur les Lectrices Charleston, rendez-vous sur la page www.editionscharleston.fr/lectrices-charleston

10, place des Cinq-Martyrs-du-Lycée-Buffon
75015 Paris – France
www.editionscharleston.fr

ISBN : 978-2-36812-518-2
Maquette : Patrick Leleux PAO

Pour suivre notre actualité, rejoignez-nous sur Facebook (Éditions.Charleston), sur Twitter (@LillyCharleston) et sur Instagram (@LillyCharleston) !

Charleston s'engage pour une fabrication écoresponsable ! Amoureux des livres, nous sommes soucieux de l'impact de notre passion et choisissons nos imprimeurs avec la plus grande attention pour que nos ouvrages soient imprimés sur du papier issu de forêts gérées durablement.

Pascale Rault-Delmas

UN ENFANT À TOUT PRIX

Roman

CHARLESTON

PROLOGUE

Il s'en était fallu de deux centimètres qu'Isabelle ne soit pas admise au concours d'hôtesse de l'air. Mais elle avait su convaincre le jury et il avait fermé les yeux sur sa taille, la condamnant à se mettre sur la pointe des pieds dans l'avion pour atteindre les compartiments à bagages. Sept ans plus tard, elle avait encore, à l'approche du départ, cette douce sensation au creux de l'estomac où se mêlaient excitation et joie.

Debout devant la glace, elle terminait de discipliner ses boucles noires. Son chignon devait être parfait et pas un cheveu ne pouvait dépasser du petit calot à visière bleu marine qui accompagnait son uniforme signé Balenciaga. Elle traqua les dernières mèches rebelles à coups d'épingles et jeta un coup d'œil à son reflet. Satisfaite de sa silhouette dont le tailleur rose pâle cintré mettait en valeur la finesse, elle sangla sa valise sur son petit support à roulettes et appela l'ascenseur.

La voiture qui était venue la chercher au pied de son immeuble la déposa à Orly, où elle rejoignit son équipage dans la salle de briefings. En cette année 1976, bien que l'interdiction de se marier eût été levée depuis plus de dix ans, les hôtesses étaient encore nombreuses à être célibataires et sans enfants. Ce jour-là, à vingt-huit ans, elle était la benjamine, ce qui n'était pas pour lui déplaire. Les hôtesses senior étaient ses mentors, elles qui avaient connu les transports aériens à l'époque de leur splendeur, et sous leur allure bon chic bon genre, ce n'étaient pas les dernières à s'amuser pendant leurs séjours en escale.

À bord du Boeing 747 qui allait s'envoler vers Rio, Isabelle écoutait le chef de cabine principal mettre au point les dernières consignes de sécurité avant d'accueillir les passagers. Bientôt, postée devant la porte, elle les saluerait un à un en leur souhaitant la bienvenue. Elle essaierait, par un sourire rassurant, de chasser l'angoisse qu'elle décèlerait dans les yeux de certains. Il faudrait attendre quelques heures avant que, repus, ils ne s'assoupissent sur leur siège, laissant au personnel de bord un peu de répit. Isabelle remonterait alors les allées de la cabine plongée dans la pénombre pour s'assurer que tout allait bien, puis rejoindrait ses collègues dans le galley, un réduit qui leur servait de cuisine. Isabelle aimait ces moments d'intimité où, alors qu'ils ne se connaissaient pas la veille, ils se racontaient leur vie en chuchotant une nuit entière dans la cabine endormie. L'équipage n'allait plus se quitter pendant la durée de la rotation, tissant des liens renforcés par leur isolement et la marginalité de leur situation.

Elle avait cru, au début, en ces belles amitiés nées d'un vol en commun, mais elle avait rapidement déchanté en comprenant qu'elles étaient éphémères. Désormais, elle savourait l'instant présent, sans se soucier du lendemain. C'était le prix à payer pour vivre des aventures inoubliables et découvrir des lieux dont elle n'aurait même pas imaginé l'existence. Car si elle passait la plupart de son temps à dormir quand elle était chez elle, il n'en était pas de même lorsqu'elle était en escale où elle avait la chance de pouvoir rester parfois plusieurs jours. Toute luxueuse qu'était sa chambre d'hôtel, elle n'y faisait que de brefs passages. Elle avait appris à dompter son sommeil et il n'était pas de visites, d'excursions ou de soirées auxquelles elle ne participait pas.

Isabelle vivait à cent à l'heure. Le revers de la médaille, c'était le désert de sa vie sentimentale. Elle n'avait guère, de temps à autre, qu'une aventure avec un steward ou un pilote. Elle se consolait en se disant qu'elle était libre comme l'air et qu'être amoureuse serait bien trop contraignant.

1

ISABELLE CONSULTA LA LISTE DES PASSAGERS parmi lesquels elle reconnut de nombreux habitués. Certains étaient des personnalités célèbres du show-biz ou de la haute couture, d'autres des hommes d'affaires ou des membres de familles richissimes. Il y avait aussi ceux qu'elle repérait aux étoiles qui brillaient dans leurs yeux lorsqu'ils montaient à bord : les passionnés d'aéronautique qui avaient rassemblé toutes leurs économies pour voler une fois dans leur vie à Mach 2. Depuis un an, Isabelle faisait partie de l'élite du personnel navigant commercial. Elle était hôtesse sur le prestigieux avion supersonique : le Concorde, avec lequel elle s'envolait vers Rio, Caracas, Mexico, Washington ou New York. Très chic dans sa robe satinée à rayures verticales bleues et beiges, elle traversait l'Atlantique en moins de quatre heures, arrivant avant d'être partie, perdant un peu la notion du temps. Elle était parfaitement à l'aise dans cet avion. La petite taille de la cabine correspondait bien à sa morphologie et elle était incollable sur les grands crus, servis par le steward de blanc vêtu. Elle tentait de mettre en pratique les conseils de ses aînées afin de satisfaire au mieux l'intransigeance de cette clientèle de haut niveau, pour qui elle était quelquefois transparente en dépit de son plus joli sourire. Lorsqu'on paraissait la remarquer, c'était souvent pour lui adresser un regard plein de sous-entendus, la rabaissant à un statut de femme-objet.

Cette fois, elle avait senti peser sur elle celui d'un beau brun. Le vol était bientôt terminé et elle allait se pencher vers lui pour le débarrasser de son assiette lorsqu'il planta ses yeux bleus dans les siens et, sans préambule, l'invita à prendre un verre à l'arrivée. Elle se raidit. Elle n'avait pas reconnu dans le ton de sa voix l'assurance du mâle tout-puissant, mais il avait le visage angélique des séducteurs et elle se méfiait. Malgré une attirance qu'elle ne pouvait nier, elle refusa poliment. À sa grande surprise, il devint écarlate et, avec l'air d'un enfant pris en faute, il lui balbutia des excuses. Isabelle comprit qu'elle s'était trompée sur ses intentions. Il était tellement touchant qu'elle regretta d'avoir été aussi intransigeante. Dès lors, visiblement gêné, il cessa de la regarder et, jusqu'au moment de l'atterrissage, ce fut elle qui l'observa du coin de l'œil.

En sortant de l'aéroport, elle fut saisie par les températures négatives qui sévissaient à New York en ce mois de janvier 1980. Elle remonta son col et se hâta vers la navette équipage où ses collègues l'attendaient. Elle s'était un peu attardée dans le hall, espérant revoir le bel Américain, mais il avait déjà disparu.

Le personnel dédié au Concorde était peu nombreux et Isabelle avait à présent quelques amies parmi ses collègues, qu'elle retrouvait régulièrement à bord. Corinne était l'une d'elles. Maman d'un petit garçon, cette jolie blonde au caractère bien trempé compensait ses absences par des cadeaux et passait son temps en escale à dénicher des jouets introuvables en France, pour les lui rapporter. Elle avait repéré une adresse près du port et Isabelle, toujours encline à découvrir de nouveaux endroits dans cette ville qu'elle adorait, avait accepté de l'y accompagner. Le lieu en question, un entrepôt niché au milieu d'une zone industrielle, ne leur donna pas envie de s'attarder et, après que Corinne eut fait ses achats, elles décidèrent de braver le froid et de remonter vers Broadway à pied. Un milk-shake à la main, elles marchaient en flânant dans le dédale de petites rues coincées entre deux gratte-ciel, croisant des hommes d'affaires à l'air pressé qui circulaient sans leur prêter attention, quand soudain, Isabelle se figea sur place. Elle avait reconnu l'homme qu'elle avait éconduit dans l'avion et qui depuis, ne quittait pas son esprit. Absorbé dans ses pensées, il ne la vit pas et continua son chemin. Corinne regarda son amie dont le visage s'était subitement empourpré.

— Qu'est-ce qui se passe ? Tu ne te sens pas bien ?

— Je crois que je viens de laisser passer l'homme de ma vie, déclara Isabelle en lui montrant, d'un signe de la tête, l'élégante silhouette qui s'éloignait.

Corinne éclata de rire.

— Il va falloir que tu m'expliques, parce que je ne comprends rien à ce que tu racontes.

Isabelle soupira, pas mécontente, au fond, de se libérer de ce qui l'obsédait depuis son arrivée à New York.

— Tu n'as pas remarqué dans l'avion, un bel Américain brun aux yeux bleus, du style Roger Moore ?

— Oui, très classe et charmant.

— Il s'appelle Andrew Thomson, j'ai vérifié sur la liste. Eh bien il n'a pas arrêté de me regarder pendant tout le vol, j'en étais gênée. Juste avant l'atterrissage, il m'a proposé de m'offrir un verre à l'arrivée.

— J'imagine que tu as refusé, mademoiselle « Je ne suis pas une femme-objet ».

— Évidemment ! Mais, maintenant, je regrette. Si tu avais vu sa réaction ! Il était tout penaud. Il est beau mais il n'a rien d'un Don Juan, je t'assure. Je n'en reviens pas de l'avoir croisé comme ça en plein Manhattan !

— Tu ne crois pas plutôt que tu as eu une hallucination ? se moqua Corinne.

— Pas du tout ! C'était lui, j'en suis sûre ! Je le reconnaîtrais entre mille !

— Oh, oh ! C'est du sérieux, dis donc…

— J'ai l'impression que c'est foutu. Il ne m'a même pas reconnue, dit tristement Isabelle en haussant les épaules.

— Mais il ne t'a peut-être pas vue ! Et puis tu le retrouveras certainement à bord du Concorde. Si c'est un homme d'affaires, il reviendra forcément à Paris.

* * *

Les mois avaient passé. Malgré sa vigilance sur chaque Paris-New York, Isabelle ne revit plus Andrew Thomson. Résignée, elle admit qu'elle s'était trompée sur ce qu'elle croyait être un signe du destin et elle essaya de moins y penser, mais cette rencontre n'avait pas été sans conséquences. Ses belles théories sur le célibat avaient volé en éclats.

Il était vrai que sa vie était différente depuis qu'elle volait sur le Concorde. Elle était absente moins longtemps de chez elle et se retrouvait souvent face à sa solitude. Elle avait bien essayé de renouer avec d'anciens amis, mais leurs mondes étaient beaucoup trop éloignés et ils s'étaient quittés frustrés de ne plus avoir en commun que les souvenirs.

2

ISABELLE PRIT UNE COUPE DE CHAMPAGNE sur le plateau que lui tendait le serveur à nœud papillon et déambula dans la grande salle du cercle militaire. Elle avait promis à son père qu'elle serait présente à sa remise de médaille, mais ce qu'elle s'ennuyait ! Sa mère avait sorti ses bijoux pour l'occasion et tentait de faire bonne figure auprès des autres épouses. Isabelle étouffa un bâillement. Elle qui côtoyait au quotidien les gens les plus riches trouvait ces bourgeois ridicules avec leurs grands airs. La musique de chambre diffusée en sourdine était couverte par un brouhaha qui résonnait sous les hauts plafonds moulurés. Isabelle jeta un coup d'œil à sa montre. 21 h 30. N'osant pas déranger son père en grande conversation avec une personnalité importante, elle lui fit un léger signe de la main et s'esquiva discrètement. Enfin sur le palier, elle poussa un soupir de soulagement. C'était la pire soirée qu'elle avait passée depuis longtemps.

Elle entendit des pas dans l'escalier. Il y avait une autre réception au-dessus et elle ne put s'empêcher de sourire en pensant que c'était sans doute quelqu'un qui s'échappait comme elle.

Soudain, elle s'immobilisa sur le palier : elle avait eu une vision. Oui, ce ne pouvait être que le fruit de son imagination stimulée par l'alcool.

— Andrew ?

Prise d'un vertige, elle se cramponna à la rampe tandis que, gentleman, il se précipitait pour l'aider. Leurs yeux se croisèrent, et Isabelle comprit que lui non plus ne l'avait pas oubliée.

— Ça ne va pas ? Vous voulez vous asseoir ? demanda-t-il, en la prenant par le bras.

Le simple contact de sa main irradia tout son corps.

— Ça va bien, maintenant. Vraiment très bien.

* * *

Isabelle et Andrew remontèrent les Champs-Élysées en marchant côte à côte. Ils avaient beaucoup parlé. À présent, ils ne prononçaient plus un mot, mais leurs épaules qui se frôlaient en disaient long. En passant devant le Gaumont où, sous la photo de Catherine Deneuve et Gérard Depardieu, s'affichait le titre du film *Le Dernier métro*, ils se tournèrent l'un vers l'autre et éclatèrent de rire en pensant la même chose : ils venaient de le rater.

Andrew regarda le taxi s'éloigner. Isabelle… Il avait enfin un prénom à mettre sur ce visage qui l'avait hanté depuis sa malheureuse tentative dans l'avion. Il s'en était tellement voulu d'avoir tout gâché. Il n'avait pas compris comment lui, d'habitude si réservé avec les femmes, avait pu avoir l'audace de l'aborder. Il était passé pour un goujat. Il avait espéré la revoir à bord du Concorde sans savoir comment réparer sa bévue. Voilà que le hasard l'avait devancé. Et ce verre qu'elle lui avait refusé à New York, c'est elle qui le lui avait proposé à Paris.

Il marcha jusqu'à l'immeuble haussmannien où il résidait, avenue Foch. Il pénétra dans le hall en marbre et, ignorant l'ascenseur dans sa cabine grillagée, grimpa quatre à quatre les marches dont l'épais tapis feutrait ses pas, jusqu'à l'appartement que lui louait sa société. Encore trop excité pour aller se coucher, il se servit un scotch et alla s'asseoir sur le canapé. Et dire qu'il avait hésité à se rendre à cette soirée ! Il revit le moment précis où leurs regards s'étaient croisés, et à nouveau, son cœur s'emballa.

Il but une gorgée de whisky et soupira de satisfaction. Après avoir lutté pendant des mois pour effacer son image de sa mémoire, il pouvait enfin penser à elle en toute quiétude.

Soudain, une angoisse l'étreignit. Il se leva et fouilla fébrilement dans les poches de son pantalon, puis dans celles de sa veste. Qu'avait-il fait de son numéro de téléphone ?

3

ISABELLE DÉCROCHA ENCORE UNE FOIS LE COMBINÉ pour vérifier qu'on ne lui avait pas coupé la ligne et fut presque déçue d'entendre la tonalité. Depuis trois jours qu'elle guettait anxieusement la sonnerie du téléphone, elle cherchait tous les prétextes pour justifier le silence de son prince charmant. Chose qui ne lui était jamais arrivée, elle ne quitta son appartement qu'à contrecœur pour partir en courrier.

La vue du bel oiseau blanc stationné sur le tarmac atténua son vague à l'âme. Elle partait le jour même à Rio en s'arrêtant à Dakar pour une courte escale technique. Depuis l'ouverture de la ligne, des Brésiliens richissimes, amoureux de Paris, empruntaient régulièrement le Concorde pour faire la navette entre la capitale française et leur pays. Isabelle était heureuse de retrouver à bord sa clientèle d'habitués mais elle avait vraiment besoin de se confier à une amie et elle constata avec joie que Corinne faisait partie de l'équipage.

Quelques heures plus tard, installée sur la terrasse de l'hôtel devant un verre de caïpirinha, Corinne écoutait son amie lui raconter son aventure. S'étant retrouvée seule pour élever son fils, elle avait des hommes une opinion peu valorisante et cherchait comment mettre Isabelle en garde sans toutefois la braquer. Isabelle ne la quittait pas des yeux et elle sentait dans son regard l'impact qu'allait avoir son avis.

— Je pense que tu devrais prendre un peu de recul. Peut-être qu'il n'a pas attaché autant d'importance que toi à votre rencontre.

— Ça, je n'y crois pas une seconde ! protesta Isabelle avec véhémence. Tu aurais vu ses yeux quand il me regardait ! Il y avait une véritable osmose entre nous. Tout nous rapproche. Même les cigarettes, ajouta-t-elle avec un petit rire, en fouillant dans le fond de son sac d'où elle extirpa un paquet de gitanes.

Fumeuse invétérée, elle en avait toujours en réserve et en entamait souvent plusieurs à la fois. Soudain, son visage s'illumina :

— Non ! C'est pas vrai ! J'ai pris son paquet, regarde !

Elle éclata de rire et euphorique, tendit à son amie éberluée un paquet de cigarettes sur lequel était inscrit au stylo son propre numéro de téléphone.

* * *

Isabelle avait le cœur léger lorsqu'elle atterrit à Roissy. Sans perdre de temps, à peine débarquée, elle sollicita ses collègues du sol pour effectuer des recherches sur Andrew. Plutôt réticentes au début, car les renseignements sur les passagers Concorde étaient confidentiels, elles se laissèrent convaincre par sa romantique histoire et communiquèrent à Isabelle les précieuses coordonnées, qu'elle nota religieusement sur son carnet d'adresses.

Une fois rentrée chez elle, son répertoire à la main, elle se planta devant le téléphone sans parvenir à se décider. Les mises en garde de son amie avaient semé le doute dans son esprit et, maintenant qu'elle était près du but, elle avait peur d'appeler Andrew. Elle composa finalement le numéro de son bureau d'une main tremblante. Le timbre aigrelet de la sonnerie retentit dans le combiné, rythmé par son cœur qui cognait à grands coups dans sa poitrine. Soudain, elle raccrocha. Elle n'arriverait pas à lui parler au téléphone. Il fallait qu'elle le voie.

La circulation était dense à cette heure-ci place de l'Étoile et Isabelle dut se frayer un passage entre les voitures pour rejoindre l'avenue Foch, où, comme elle le savait maintenant, résidait Andrew. Luttant contre la fatigue du voyage et le décalage horaire, elle marcha d'un pas vif jusqu'au numéro indiqué sur son carnet. Il n'était que 18 h 30, beaucoup trop tôt pour que Andrew soit déjà rentré chez lui. Arrivée devant son immeuble, la curiosité fut trop forte et elle ne résista pas à l'envie d'appuyer sur la gâche électrique de la grande porte en fer forgé. Elle pénétra dans le hall et se dirigeait vers l'ascenseur quand elle entendit qu'on l'interpellait de la loge :

— Mademoiselle, c'est pour quoi ?

Honteuse et rougissant jusqu'à la racine des cheveux, elle fit demi-tour et sortit en bredouillant des excuses tandis que la concierge rugissait :

— C'est pas un moulin ici !

Isabelle se retrouva sur le trottoir, d'autant plus confuse qu'on ne surnommait pas les concierges les pipelettes pour rien et qu'elle craignait que Andrew n'apprenne son intrusion. Il n'y avait pas le moindre bar dans cette avenue très chic mais, sous les nombreux arbres, Isabelle aperçut quelques bancs. Elle en choisit un d'où elle pourrait guetter Andrew sans se faire remarquer.

* * *

Isabelle se réveilla brusquement et se redressa. L'espace d'un instant, elle se demanda où elle était, puis elle se souvint. À présent, il faisait nuit. Elle pesta en se disant qu'elle avait dû le manquer quand une ombre à ses côtés la fit tressaillir.

Andrew était là, assis près d'elle sur le banc. Il la regardait intensément. Isabelle lui sourit. Il ne dit rien, mais avec une grande douceur, il caressa son visage. Puis il approcha lentement le sien jusqu'à ce que leurs lèvres s'unissent.

Andrew ne chercha pas à comprendre comment elle était arrivée jusqu'à lui. Il l'avait enfin retrouvée et ne voulait plus jamais qu'elle lui échappe. Sans cesser de l'embrasser, il l'entraîna jusqu'à son immeuble où ils entrèrent, collés l'un à l'autre, sous le regard horrifié de la concierge.

4

ANDREW OUVRIT LES YEUX. Il effleura la peau tiède d'Isabelle, puis, se dégageant doucement de son étreinte, il se leva sans faire de bruit. Elle était rentrée de courrier cette nuit et il voulait la laisser se reposer encore un peu.

Cela faisait bientôt un an qu'elle avait quitté son studio de banlieue pour s'installer chez lui et, depuis, il vivait à travers elle. Isabelle n'avait pas seulement bouleversé son existence, elle avait aussi transformé son appartement. Elle avait déposé son empreinte dans tous les recoins de leur habitation. Andrew la retrouvait dans chaque morceau de tissu déniché au marché Saint-Pierre, chaque objet chiné aux puces, et cela l'aidait à supporter ses fréquentes absences. Leurs emplois du temps respectifs leur laissaient peu de temps à partager et, en préparant son café, il savourait d'avance ce dimanche qu'il allait passer à ses côtés.

Dans l'après-midi, ils décidèrent de sortir. Ils aimaient déambuler ensemble dans la capitale. Andrew se laissait guider par Isabelle et découvrait le Paris d'autrefois. Il vivait en France depuis deux ans, mais ne s'était guère écarté du 16e arrondissement. Ensemble, ils arpentaient les ruelles pavées et il était émerveillé par les anciennes bâtisses. Il s'arrêta devant une façade sur laquelle il lut une inscription :

— 1521 ! Tu te rends compte, Isabelle, des gens ont vécu dans cet immeuble au XVIe siècle. C'est vraiment incroyable ! On ne peut pas s'imaginer ça chez nous. Comme j'aime ton pays…

— C'est un peu le tien aussi, non ? On dirait que tu as oublié que ta mère était française.

— Oh, ma mère… dit-il en haussant les épaules.

Isabelle s'arrêta de marcher et le regarda d'un air interrogatif.

— Ta mère ?

— Elle se considère comme une véritable citoyenne américaine. Elle ne m'a jamais parlé de la France. J'ai fini par arrêter de l'interroger, il n'y a pas moyen d'avoir une réponse. Elle change chaque fois de sujet.

— C'est pourtant elle qui t'a appris le français ?

— Oui, bizarrement, on a toujours parlé français, tous les deux.

— Tu sais d'où elle était ?

— Elle est née en Normandie. Dans une petite ville qui s'appelle Bayeux.

— Tu as encore de la famille là-bas ?

— Aucune idée.

— Et ton père ? Tu m'as bien dit qu'il était militaire ?

— Oui, il était dans l'US Army. Mais tu sais, je n'avais pas beaucoup de contacts avec lui. Il s'est battu en Corée puis il a commandé des troupes au Vietnam. Quand il rentrait à la maison, il fallait marcher droit.

— Comment ils se sont rencontrés avec ta mère ?

— Je n'en sais rien. Ils ne m'en ont jamais parlé. C'était un sujet tabou chez nous. Je sais seulement que mon père est venu en France pendant son service.

— Si ta mère vivait à Bayeux et que ton père était militaire, il a certainement participé au débarquement. Ils se sont connus là-bas, c'est évident !

— Je ne le saurai jamais. Mon père est mort maintenant et ma mère est muette sur le sujet. Tu sais, je leur en veux à tous les deux. Ils m'ont volé une partie de mon passé.

— Et si on essayait de retrouver tes racines françaises ?

— Comment ça ?

— On pourrait partir enquêter à Bayeux.

— Autant chercher une aiguille dans une botte de foin ! Mais pourquoi pas ? Je pourrais au moins voir l'endroit où ont vécu mes grands-parents.

— Tu sais ce qu'ils faisaient ?

— Je crois que mon grand-père était boucher.

— Eh bien voilà ! On a déjà une piste. Ça te dit qu'on y aille pendant mes prochains jours de repos ?

— Honnêtement, je n'y crois pas du tout, mais ça nous fera du bien de passer quelques jours de vacances au bord de la mer, dit-il en la prenant dans ses bras.

* * *

Isabelle engagea sa petite Renault 5 sur l'autoroute et prit place derrière la file de voitures qui roulaient en direction de la Normandie. Andrew, à ses côtés, se laissait porter. Il inséra une cassette dans l'autoradio et Supertramp entonna « Take The Long Way Home ». Bravant les embouteillages, ils atteignirent avant la nuit la petite ville estivale de Port-en-Bessin où Isabelle avait réservé une semaine dans un hôtel face à la mer.

Accoudé à la fenêtre de leur chambre, Andrew regardait les vagues se briser sur le rivage et il essayait d'imaginer son père, jeune soldat, débarquant sur cette plage après avoir traversé la mer déchaînée. Il ne savait pas grand-chose de l'intervention des Américains en France pendant la Seconde Guerre mondiale. Son père avait emporté avec lui les récits qu'il aurait tellement aimé entendre. Il regarda l'horizon au bout duquel se trouvait son pays et son cœur se serra. Il pensa à sa mère qui vivait désormais là-bas et, face à l'océan qui les séparait, il se sentit plus que jamais écartelé entre ses deux nations.

Sans le déranger dans sa contemplation, Isabelle se glissa derrière lui, passa ses bras autour de sa taille et posa son menton sur son épaule. Andrew pencha tendrement la tête vers elle et attrapa ses mains qu'il serra de toutes ses forces.

En visitant le musée du débarquement de Bayeux, Andrew espérait en apprendre beaucoup sur cet événement auquel son père avait participé, mais il ne s'attendait pas à recevoir un tel choc. À travers une reconstitution plus vraie que nature, il voyait se dérouler sous ses yeux un véritable massacre où des milliers de jeunes gens avaient fait don de leur vie pour libérer un pays qui n'était pas le leur. Il comprit que, après avoir survécu à une telle boucherie, son père eût préféré se taire. La visite se poursuivit : après l'horreur des combats vint l'euphorie de la Libération. Andrew s'arrêta devant une photo sur laquelle des jeunes filles en liesse se jetaient au cou de leurs « sauveurs » américains et il ne put détacher son regard de la scène. Il venait de comprendre comment ses parents s'étaient rencontrés.

Trop éprouvé pour affronter de nouvelles découvertes, il préféra quitter Bayeux et retourner vers la côte, remettant leurs recherches au lendemain. Pour atténuer cette émotion qui l'oppressait, il avait besoin de concrétiser les images qu'il avait vues au musée et de fouler le sol sur lequel son père s'était battu au péril de sa vie, pour libérer le pays de sa mère.

Pieds nus dans le sable, main dans la main, ignorant les baigneurs qui profitaient de la clémence de ce mois d'août, Isabelle et Andrew parcoururent en silence les huit kilomètres de cette plage qu'on appelait Bloody Omaha, en raison des combats sanglants qui s'y étaient déroulés. Isabelle se laissa caresser le visage par la brise chargée d'embruns et contempla l'étendue de sable bordée de falaises rocheuses. La beauté du lieu était telle qu'elle ne parvenait pas à l'imaginer en champ de bataille.

Après une nuit peuplée de cauchemars, le petit déjeuner, qu'on leur apporta dans la chambre et qu'ils prirent face à la mer, mit Andrew d'attaque pour continuer son enquête. Ce matin-là, ils partaient à la recherche de la boutique de son grand-père et allaient interroger les bouchers de la ville, qui heureusement n'était pas très grande. Au bout de la troisième tentative, un homme aux cheveux grisonnants, enroulé dans un tablier blanc, leur confirma que sa boucherie avait bien appartenu à un M. Blanchard. Sa femme, à la caisse, leur expliqua :

— Les Blanchard nous ont cédé leur fonds de commerce voilà plus de vingt ans. Le pauvre M. Blanchard avait un cancer et il est parti bien vite. Sa dame avait toujours l'air triste.

Andrew n'en revenait pas : ces gens avaient connu ses grands-parents. Plein d'espoir, il lui demanda :

— Et cette dame, vous savez ce qu'elle est devenue ?

— Elle habitait l'appartement au-dessus. Nous, on n'en avait pas besoin, et puis elle avait l'air tellement malheureuse ! répondit la bouchère après un soupir. Je crois que c'est rapport à la guerre, une fille qu'aurait disparu ou quelque chose comme ça.

Au comble de l'émotion, Andrew comprit qu'elle parlait de sa mère. Craignant que sa grand-mère ne soit plus de ce monde, il demanda d'une voix étranglée :

— Vous en parlez au passé. Elle n'y est plus ?

— Elle était bien fatiguée et elle ne pouvait plus monter l'escalier, répondit-elle en secouant la tête d'un air désolé. Alors, un jour, sa fille est venue la chercher. C'était il y a deux ans. On n'a plus jamais eu de nouvelles.

— Connaissez-vous son adresse ? Ou au moins le nom de sa fille, qu'on puisse la retrouver ?

La bouchère fit une moue et secoua à nouveau la tête :

— La fille, on la connaît pas plus que ça. C'est du genre à aller acheter sa viande au supermarché. Elle travaille au centre du Crédit Lyonnais, ben son mari aussi je crois. Faut dire qui y a la moitié de la population de Bayeux qui travaille dans ce centre administratif, ajouta-t-elle en levant les yeux au ciel.

Derrière eux, des clients attendaient pour régler leur note. Ne voulant pas mobiliser davantage le temps de cette brave femme, ils la remercièrent et sortirent du magasin. Plantés sur le trottoir, ils se regardaient, dépités. Après avoir cru être sur la bonne voie, ils se retrouvaient dans une impasse. Les révélations de la bouchère laissaient Andrew encore plus perplexe quant au départ de sa mère. Elle avait disparu, avait-elle dit. Se serait-elle enfuie ? Son père l'aurait-il enlevée ? Pour lui laisser le temps de digérer ces informations, Isabelle lui proposa de visiter la ville qui regorgeait de trésors historiques, mais Andrew refusa de faire du tourisme tant qu'il n'aurait pas retrouvé sa tante et qu'il ne saurait pas si sa grand-mère était encore en vie. Il interrogea les voisins et les commerçants des alentours qui ne lui apprirent rien de plus. Devant la mine défaite de son ami, Isabelle commençait à regretter son initiative, qui pour le moment n'avait fait que remuer des souvenirs qu'elle aurait peut-être mieux fait de laisser enfouis.

Elle entra dans une pharmacie pour acheter de quoi soulager la forte migraine qui lui vrillait la tête. Andrew la suivit, et inlassablement, répéta sa question :

— Connaissez-vous Mme Eugénie Blanchard ?

En entendant le nom, la jeune femme en blouse blanche qui servait Isabelle tourna la tête vers lui.

— Je l'ai connue. Elle était cliente de la pharmacie, mais c'était aussi la grand-mère de ma meilleure amie. Elle est décédée en maison de retraite le mois dernier.

Malgré la mauvaise nouvelle qu'elle venait de lui apprendre, Andrew se retint de ne pas sauter par-dessus le comptoir pour l'embrasser. Au comble de l'excitation, il la bombarda de questions :

— Comment s'appelle votre amie ? Où habite-t-elle ? Que fait-elle ? Et sa mère ?

La jeune pharmacienne le regardait, stupéfaite, en se demandant si elle n'avait pas affaire à un déséquilibré. D'une pression sur le bras, Isabelle parvint à le calmer, et il se souvint qu'il avait oublié l'essentiel :

— Je suis son cousin !

5

MARTINE BAISSA LE RIDEAU DE LA PHARMACIE, puis monta dans sa voiture et prit la direction du bord de mer. Elle aurait pu se contenter de donner les coordonnées de son amie à l'Américain, mais ce cousin tombé du ciel juste après les révélations de sa grand-mère lui semblait une étrange coïncidence et elle avait envie d'en savoir plus avant de perturber à nouveau la famille. Elle se gara près du port et aperçut le couple attablé à la terrasse du café où elle leur avait donné rendez-vous. Ils l'invitèrent à s'asseoir et, tandis qu'il lui commandait un verre, Martine observa du coin de l'œil le fameux cousin, cherchant une quelconque ressemblance avec son amie. Elle sourit intérieurement en lui trouvant plutôt un air de Roger Moore. L'homme charmant qu'elle avait devant elle n'avait plus rien à voir avec le personnage agité de l'après-midi.

Sans laisser le silence s'installer, il prit la parole :

— Excusez-moi pour mon attitude de tout à l'heure, mais j'étais si heureux que mes recherches aient enfin abouti que je me suis un peu laissé aller. Je ne me suis même pas présenté. Je m'appelle Andrew Thomson. Je suis de New York, mais je travaille à Paris depuis deux ans.

Mon père était un militaire américain, il est aujourd'hui décédé. Ma mère vient de France, mais je ne sais rien de son passé français, seulement que son père possédait la boucherie Blanchard à Bayeux et qu'elle a rencontré mon père après le débarquement. C'est ma tendre amie, précisa-t-il en se tournant vers Isabelle, qui a organisé ce déplacement en Normandie pour m'aider à comprendre. J'ignorais que j'avais une cousine ici, mais j'en suis ravi car je vous avoue que, dans ma démarche, j'espérais bien aussi retrouver ma famille française.

Martine détourna le regard pour ne pas se noyer dans le bleu de ses yeux et réfléchit. Son explication était tout à fait cohérente et cadrait parfaitement avec ce qu'ils avaient appris récemment. De plus, Eugénie Blanchard n'avait pas de fortune et un imposteur n'aurait eu aucun intérêt à se faire passer pour son petit-fils. Elle décida donc de le croire, au prix d'un dernier détail :

— Est-ce que je peux me permettre de vous demander votre date de naissance ?

— 30 mars 1945. Pourquoi cette question ?

— Une simple vérification. Je suis vraiment désolée de cette méfiance à votre égard, mais la grand-mère de mon amie, votre grand-mère donc, ajouta-t-elle avec un petit sourire complice, s'est confiée à elle avant de mourir et les révélations qu'elle lui a faites ont bouleversé toute la famille. Je voulais seulement les préserver, mais à présent, je suis convaincue de votre sincérité et je vais organiser votre rencontre. Vous allez pouvoir, enfin, recoller ensemble les morceaux de votre histoire.

* * *

Suivant les indications de Martine, Isabelle contourna l'immense centre administratif du Crédit lyonnais pour rejoindre une route bordée de pavillons récemment construits. Isabelle s'arrêta au numéro indiqué et se gara devant une petite maison blanche au toit à deux pentes, posée sur un carré de pelouse. Sur la terrasse qu'on apercevait à travers la haie de thuyas, la table était déjà prête pour l'apéritif. Andrew dut se faire violence pour ne pas rebrousser chemin. Des spasmes lui contractaient l'abdomen. Encouragé par le regard bienveillant d'Isabelle, il se décida enfin à sortir de la voiture, et, d'une main moite, appuya sur le bouton de la sonnette.

Lorsque la porte s'ouvrit, il blêmit. Brusquement, ses jambes déjà chancelantes refusèrent de le porter et il dut s'accrocher à Isabelle pour ne pas tomber. Il venait de voir sa mère sur le seuil de la maison. Comment, alors qu'elle avait toujours prétendu ne plus être revenue en France, pouvait-elle se trouver ici ?

— Tout va bien, lui dit-elle d'une voix dont il ne reconnut pas l'intonation. Je suis ta tante Marthe, la sœur jumelle de ta maman.

S'il s'était agi d'un ultime test pour prouver sa bonne foi, Andrew l'avait réussi. Stupéfié, il s'écroula littéralement sur la chaise qu'on lui tendit. Il ignorait totalement que sa mère avait une sœur jumelle.

Un peu plus tard, tandis que son oncle débouchait la bouteille de champagne sortie en son honneur, Andrew, rasséréné, put faire plus ample connaissance avec sa tante Marthe. Elle lui posa mille questions sur sa mère et sur leur vie à New York. Leur ressemblance en tout point le troublait vraiment, d'autant qu'il était le seul à pouvoir faire la comparaison, personne ici, hormis Marthe elle-même, n'ayant connu sa mère. Il brûlait de savoir ce qui s'était passé mais, ne voulant pas brusquer les choses, il n'osait pas l'interroger. Il observa Isabelle en pleine conversation avec sa cousine et se garda bien de les interrompre, heureux de constater qu'elles semblaient déjà avoir sympathisé. Sage-femme à l'hôpital de Bayeux, Armelle avait trente-quatre ans et deux bambins aussi blonds que leur papa, qui les surveillait d'un regard attentif. Elle était l'unique enfant de Marthe, qui elle-même n'avait eu qu'une sœur, sa jumelle. Armelle était donc la seule cousine française de Andrew. Ils étaient tous très chaleureux et l'ambiance était détendue, mais personne ne faisait la moindre allusion au fameux secret de famille. Andrew commençait à désespérer quand Armelle lui glissa à l'oreille :

— Venez demain à la maison pendant que les enfants feront la sieste, j'ai des choses à te dire.

* * *

Le lendemain à 14 heures précises, Isabelle et Andrew étaient chez Armelle. Une matinée de natation dans une eau à 17 °C n'avait pas suffi à calmer Andrew, qui avait passé la nuit à se retourner dans son lit en imaginant les histoires les plus folles. Ils pénétrèrent dans le séjour en prenant garde à ne pas mettre le pied sur l'un des nombreux jouets qui jonchaient le sol et s'installèrent autour de la table basse. Le courant était bien passé entre Armelle et Isabelle et elles auraient eu encore beaucoup de choses à se raconter, mais le tremblement de la main de Andrew quand il attrapa la tasse de café qu'elle lui tendait n'échappa pas à sa cousine. Aussi commença-t-elle son récit sans tarder.

— Je savais que ma mère avait eu une sœur jumelle, mais elle avait disparu à l'âge de dix-sept ans pendant la guerre et personne n'en parlait jamais. Je ne peux même pas dire si elles se ressemblaient car on n'a aucune photo d'elle.

— Je te confirme qu'elles se ressemblent comme deux gouttes d'eau ! s'exclama Andrew. Tu as bien vu hier, j'ai failli me trouver mal en voyant ta mère pour la première fois. Excuse-moi de t'avoir interrompue, je te laisse continuer.

— Enfant, j'ai été pourrie gâtée par ma grand-mère, reprit Armelle. J'étais plus proche d'elle que de ma propre mère, mais lorsque je suis tombée enceinte de mon premier fils, j'ai senti une sorte de gêne entre nous. On aurait dit que mon état réveillait quelque chose d'enfoui en elle. Elle pleurait sans arrêt. J'ai mis ça sur le compte de son âge qui la rendait plus vulnérable. Elle avait quatre-vingts ans. Quand ma mère l'a mise en maison de retraite parce qu'elle ne pouvait plus rester seule, je passais la voir tous les jours mais elle a rapidement décliné et lorsqu'elle a senti sa fin approcher, elle m'a confié un secret, trop lourd à emporter avec elle. Voilà ce j'ai appris, complété par les informations que ma mère m'a données ensuite : Bayeux a été la première ville française à avoir été libérée des Allemands et après le débarquement, c'est vite devenu le quartier général des Alliés. Ils venaient s'y détendre entre deux manœuvres et avaient un succès fou auprès des jeunes filles qui les voyaient comme leurs sauveurs. La ville était restée intacte car elle avait eu la chance de ne jamais avoir été bombardée et les réfugiés se sont mis à affluer de partout. Ma grand-mère était submergée de travail à la boucherie et elle n'avait plus le temps de surveiller ses filles. Elles avaient dix-sept ans, et elles aussi étaient subjuguées par les militaires américains. La plupart étaient à peine plus âgés qu'elles. Entre tes parents, ça a été le coup de foudre. Ils se voyaient en cachette et ma mère m'a avoué qu'elle couvrait les escapades de sa sœur. Je pense que la ressemblance dont tu m'as parlé a dû les aider à tromper tout le monde. Le problème, c'est que ta mère a fini par tomber enceinte. Paniquée, elle l'a annoncé à sa mère. Au lieu de lui apporter l'aide qu'elle attendait, notre grand-mère l'a chassée.

— Quoi ? Mais comment a-t-elle pu faire une chose pareille ?

— Elle avait peur du qu'en-dira-t-on et de sa réputation de commerçante. Lorsque sa sœur n'est pas rentrée, ma mère a d'abord pensé qu'elle était restée avec son amoureux et n'a rien dit pour ne pas la trahir. Ce n'est que plus tard dans la journée qu'elle s'est vraiment inquiétée en ne la voyant pas revenir et qu'elle a donné l'alerte. Ma mère s'est précipitée au bar où les GI avaient l'habitude de se retrouver et, quand on lui a dit qu'ils avaient levé le camp, elle a compris que sa sœur jumelle était partie avec eux. Ma mère ne savait pas que sa sœur attendait un enfant et elle n'a jamais voulu croire qu'elle s'était enfuie de son plein gré. Elle a pensé à un enlèvement. Cet enfant, on sait maintenant que c'était toi.

Andrew encaissa le choc. Il se demanda ce qui se serait passé s'il était apparu avant les aveux de sa grand-mère alors que tous, sauf elle, ignoraient son existence.

— Ça n'a pas dû être facile pour la mère et la fille de vivre ensemble ensuite, en gardant chacune son secret, fit-il remarquer.

— Oui, ça a été terrible pour ma mère, répondit Armelle. Lorsqu'ils ont signalé la disparition de sa sœur à la police, elle ne savait pas si elle devait parler des Américains ou non, car elle n'avait aucune preuve de son enlèvement et elle ne voulait pas la trahir. Elle n'a rien dit. De toute façon ils étaient repartis. Pour ce qui est de grand-mère, je ne sais pas. J'ai vraiment été choquée d'apprendre ce qu'elle avait fait, et tellement déçue !

Sa voix s'étrangla et ses yeux s'emplirent de larmes. Touchée par la peine de la jeune femme, Isabelle, pourtant étrangère à tout cela, sentit également son regard s'embuer. Armelle reprit entre deux sanglots :

— Elle m'a annoncé ça sur son lit de mort, à moi, dont le métier est d'aider des futures mères à mettre leur enfant au monde ! C'est affreux ce que je vais vous dire, mais moi qui adorais ma grand-mère, je n'ai pas eu de peine quand elle est partie.

À ce moment-là, une petite voix retentit derrière eux :

— Pourquoi tu pleures, maman ?

Armelle se retourna et sourit à travers ses larmes à son fils de trois ans qui était arrivé sans bruit, son lapin en peluche à la main.

— C'est rien, mon chéri, viens me faire un câlin.

Le petit garçon courut se jeter dans les bras de sa mère sous le regard attendri de Andrew et Isabelle. Armelle serra son enfant contre elle en lui caressant les cheveux, puis elle se tourna vers Andrew et lui dit, pleine de rancœur :

— Ce qu'a fait notre grand-mère est impardonnable.

Ébranlé par ce voyage dans le passé, Andrew resta silencieux. Il regrettait d'avoir été si dur avec sa mère. Il aurait voulu lui dire qu'il avait compris. Compris son désarroi, quand, portant dans son ventre un enfant indésirable, elle avait embarqué sur ce bateau qui l'emmenait vers l'inconnu et vu s'éloigner la côte normande, sachant qu'elle ne la reverrait probablement jamais. Compris sa solitude, dans ce pays dont elle parlait à peine la langue, avec son bébé pour seul confident. Il s'imagina, collé contre son sein, bercé par cette langue maternelle dont sa mémoire s'était peu à peu imprégnée. Il avait compris pourquoi, à la différence de ses frères, il parlait si bien le français, cette langue dans laquelle sa mère et lui n'avaient jamais cessé de communiquer. Il avait compris aussi le mal qu'il lui avait fait en l'abandonnant pour venir s'installer en France, la séparant du dernier lien qui la rattachait à son pays. Pays qu'elle n'avait pas renié, comme il le croyait, mais qui l'avait reniée, elle. Il aurait voulu que son père soit encore là pour lui dire comme il était fier de lui et le remercier de ne pas les avoir abandonnés. Il avait envie de serrer sa mère dans ses bras et de lui demander pardon pour l'avoir jugée sans savoir. Sa tante Marthe avait promis d'écrire à sa sœur. Il ignorait quelle serait la réaction de sa mère quand elle apprendrait qu'il avait renoué avec sa famille, mais, quelle qu'elle fût, il irait la voir pour lui parler.

6

ARMELLE INSISTA POUR QU'ILS TERMINENT leur séjour chez elle et, sous prétexte que les enfants se réveillaient tôt, elle leur laissa leur chambre. Andrew fut profondément touché par les attentions de cette cousine dont il ignorait encore l'existence trois jours plus tôt et, pour lui prouver sa reconnaissance, il s'investit sans compter auprès de ses enfants, partageant son temps entre les châteaux de sable, les jeux de ballon et les baignades. Isabelle, un peu effrayée par les effusions des deux bambins, préférait se tenir à l'écart.

Couchée sur sa serviette, elle observait d'un air attendri Andrew faire sauter ses petits-cousins dans les vagues. Soudain, ils sortirent de l'eau en courant et se précipitèrent vers elle, la couvrant du sable qu'elle avait soigneusement évité. Le plus jeune, encore dégoulinant d'eau salée, vient s'asseoir sur ses genoux. Malgré sa réserve, elle n'osa pas le repousser. Elle ne savait pas quelle attitude adopter devant ces petits êtres dont la spontanéité l'intimidait. Elle avait toujours clamé haut et fort que les enfants ne l'attiraient pas. Pourtant, elle dut reconnaître que l'innocence de ce bambin qui se collait contre elle et calait sa tête contre sa poitrine en suçant son pouce l'émouvait. Elle n'avait pas eu de petits frères ou de petites sœurs, ni de cousins ou de cousines. Elle avait vécu seule entre ses parents et jamais un gamin n'avait passé le seuil de leur maison. Elle se rendait compte qu'elle ne les connaissait pas. Peu à peu, elle baissa la garde et resserra son étreinte. Elle se surprit même à poser ses lèvres sur la petite joue mouillée.

La semaine s'écoula dans la bonne humeur. Laissant leurs maris, épuisés par leurs journées respectives, s'écrouler dans leurs lits, les deux femmes passèrent une bonne partie de leurs nuits à parler sur la terrasse et des liens se tissèrent rapidement entre elles. Tristes de se quitter, tous se séparèrent en se promettant de se revoir très vite.

Leur vie parisienne reprit, avec ses longues séparations et ses intenses retrouvailles.

* * *

Isabelle aimait ces moments après l'amour où, serrés l'un contre l'autre, ils restaient silencieux, ne pensant plus qu'à leur bonheur partagé. Elle aurait voulu que ces instants de communion parfaite se prolongent à l'infini.

Andrew posa ses lèvres dans son cou et un frisson de plaisir lui parcourut le corps. Se pelotonnant comme une chatte, elle écoutait les mots doux qu'il lui susurrait à l'oreille quand soudain, elle entendit une phrase qui lui fit l'effet d'une douche froide :

— Je voudrais que tu arrêtes la pilule.

Elle se dressa sur un coude et le regarda, interloquée :

— Tu veux un enfant ?

— Pourquoi ? Pas toi ?

— Je ne sais pas. Je n'y ai jamais pensé…

Andrew ne comprenait pas sa réaction. Persuadé qu'en toute femme sommeillait un désir de maternité, l'éventualité que son envie ne soit pas partagée ne lui avait même pas traversé l'esprit.

— Tu es la femme de ma vie, Isabelle. J'ai envie d'un enfant de toi.

— Je ne crois pas que ce soit une bonne idée, Andrew. Tu as oublié quel était mon métier ?

Andrew se leva sans répondre. D'un naturel déjà plutôt émotif, il était rentré de Normandie avec une sensibilité à fleur de peau et sentait les larmes lui monter aux yeux. Furieux contre cette vulnérabilité qui le faisait pleurnicher comme un gosse, il enfila des vêtements et sortit se calmer dans la rue.

Isabelle, restée seule sur le lit, était abasourdie. Elle ne voulait pas lui faire de peine, mais avoir un enfant n'avait jamais fait partie de ses projets. Malgré sa sensibilité, Andrew n'était en fin de compte pas différent des autres hommes : il n'avait pas cherché à vraiment la connaître. Depuis un an qu'il couchait avec elle, il ne s'était jamais préoccupé des conséquences que pouvait avoir son acte, pensant certainement que la contraception était une affaire de femmes. Sans même lui poser la question, il s'était persuadé qu'elle prenait la pilule. En réalité, Isabelle n'avait plus ses règles depuis des années.

Elle s'en était inquiétée au début, mais après que le médecin eût vérifié que cette aménorrhée ne cachait aucune maladie grave, Isabelle n'avait pas voulu en savoir davantage. Se satisfaisant tout à fait de la paresse de ses ovaires qui lui évitait le risque de tomber enceinte, elle n'était jamais allée consulter un spécialiste. D'autant qu'elle était ravie de ne plus subir l'inconfort de la tache honteuse qui survenait quand on ne s'y attendait pas et d'être débarrassée des douleurs qui la terrassaient alors qu'elle devait faire bonne figure auprès des passagers.

Andrew revint une demi-heure plus tard. Il s'assit au bord du lit, d'où Isabelle n'avait pas bougé, et lui prit les mains en lui disant d'un air contrit :

— Je te promets que je n'en parlerai plus. On attendra que tu sois prête.

Sans un mot, elle passa ses bras autour de son cou et se serra contre lui.

* * *

Le lendemain, Armelle appela pour leur annoncer une bonne nouvelle. La mère de Andrew avait écrit une lettre très émouvante à sa sœur, dans laquelle elle exprimait sa joie d'avoir repris contact avec elle. Il était temps pour lui de se rendre auprès de sa mère, de lever les dernières zones d'ombre. Tandis qu'elle était au bout du fil, Isabelle ne put s'empêcher de parler à Armelle du désir de paternité de son cousin et de sa réticence à elle. Elle lui confia son problème d'aménorrhée, ce qu'elle n'avait encore jamais fait avec personne. Armelle l'écouta attentivement. En tant que sage-femme, elle lui conseilla d'aller consulter un gynécologue sans tarder.

7

QUELQUES SEMAINES PLUS TARD, Andrew s'apprêtait à s'envoler pour New York. Il avait réussi à intégrer une visite chez sa mère dans son planning professionnel. Isabelle n'avait pas voulu s'immiscer dans leur tête-à-tête. Malgré son insistance pour qu'elle l'accompagne, elle avait préféré le laisser partir seul. De la voiture, elle répondit à son signe de la main et le suivit du regard jusqu'aux portes coulissantes de l'aéroport. Le poids qui pesait sur sa poitrine disparut en même temps que lui. Elle avait besoin de se retrouver face à elle-même. Elle allait profiter de ces quelques jours pour faire le point sur ce projet d'enfant qui tenait tant à cœur à Andrew. L'excuse qu'elle lui avait donnée n'était qu'un prétexte pour masquer la vérité. Elle savait très bien qu'à l'heure actuelle, la maternité n'était plus un obstacle pour les hôtesses de l'air, qui comptaient bon nombre de mères de famille parmi elles. Elle serait reclassée au sol le temps de sa grossesse et s'organiserait parfaitement ensuite, avec une baby-sitter. En réalité, elle avait toujours considéré que tomber enceinte était un fléau qu'il fallait absolument éviter, avis partagé jusqu'alors par ses amants qui n'étaient que des relations sans lendemain. Andrew avait tout chamboulé. Il allait lui falloir du temps pour se faire à cette idée. Malgré tout l'amour qu'elle éprouvait pour lui, elle ne se sentait pas encore prête.

* * *

Isabelle n'était pas une adepte des cabinets médicaux. Consulter un gynécologue était pour elle une véritable épreuve. Assise dans la salle d'attente, elle observait une adolescente chuchoter avec sa mère et regardait avec envie leurs sourires complices. Jamais Isabelle n'avait eu ce genre de relation avec sa mère qui, à l'approche de sa puberté, ne l'avait même pas avertie de ce qui allait lui arriver. Lorsque Isabelle avait découvert, paniquée, sa culotte ensanglantée, sa mère lui avait tendu une serviette hygiénique en lui disant simplement : « Tu es une femme maintenant. » Isabelle se revit à douze ans avec son morceau de ouate à la main, tandis qu'elle sentait le liquide poisseux couler le long de ses jambes, sans comprendre ce qui lui arrivait. C'était auprès des copines de classe qu'elle avait appris, de manière plus ou moins déformée, le fonctionnement de l'appareil génital féminin.

L'appel de son nom la ramena au présent. Elle se leva et suivit le médecin dans son cabinet. Âgé d'une quarantaine d'années, ce dernier était très séduisant et Isabelle était gênée de lui parler de ses problèmes féminins. Après lui avoir posé un certain nombre de questions très personnelles, il lui demanda de retirer sa culotte et de s'asseoir au bord de la table d'examen. Embarrassée de devoir s'exhiber devant cet homme, elle se maudit de ne pas avoir pensé à choisir une femme. Recroquevillée au bord de la table, elle attendait, les cuisses soudées l'une à l'autre et les mains posées pudiquement sur son pubis, quand il éclata de rire en lui disant :

— Si vous n'écartez pas les jambes, je ne pourrai pas vous examiner !

Les dents serrées, elle le laissa fouiller son intimité d'un doigt ganté, puis lui introduire un bec en métal dans le vagin, et tandis qu'il regardait au travers, elle sentit ses cheveux lui chatouiller l'entrecuisse.

L'examen terminé, elle reprit place sur le siège en face du médecin. Elle avait du mal à lever les yeux sur lui. Il lui dit d'un ton rassurant :

— L'examen clinique est tout à fait normal.

Il lui expliqua ensuite qu'elle allait devoir prendre sa température tous les jours à heure fixe, pour repérer si elle avait une ovulation. Devant son air étonné, il prit une feuille de papier et lui fit un graphique pour illustrer le processus des cycles féminins. Il prononça des mots qu'elle n'avait jamais entendus : « folliculine, progestérone, ovocyte ». Se rendant compte de ses lacunes, elle se promit de s'acheter un livre pour approfondir le sujet.

En attendant, elle savait qu'elle n'allait pas pouvoir tracer les courbes qu'il lui demandait et, quand il lui tendit la fiche cartonnée à remplir, elle lui dit :

— Je suis hôtesse de l'air sur long courrier, et avec les décalages horaires, je ne pourrai jamais prendre ma température à heure fixe au réveil.

Le médecin écarta les mains en signe d'impuissance :

— La méthode de la température est la seule qui soit vraiment fiable pour savoir si vous avez une ovulation, ce qui est, de toute façon, peu probable étant donné votre aménorrhée. En revanche, il est fort possible que votre problème soit dû à votre métier. Les décalages horaires, les nombreux décollages et atterrissages, l'irrégularité de votre vie d'une manière générale peuvent tout à fait générer ce genre de blocage.

— Je vole à Mach 2, car je suis sur le Concorde, vous pensez que cela peut avoir une incidence ?

— On n'a aucun recul là-dessus, mais cela joue certainement sur l'organisme. Si je peux vous donner un conseil, changez de métier si vous voulez avoir une chance de tomber enceinte. D'autant plus que la fertilité diminue avec l'âge et que vous avez déjà trente-trois ans.

8

AGNÈS ET ANTOINE POSSÉDAIENT un petit magasin de photos dans le centre de Dinan, où les habitants du quartier venaient leur remettre leurs pellicules. Ils aimaient se réfugier dans l'obscurité de leur laboratoire pour les développer ensemble. Tous deux étaient très proches de leurs clients. En révélant sur le papier leurs moments les plus intimes, ils étaient un peu leurs confidents. Ils partageaient ainsi les événements importants de leur vie, comme en témoignait la vitrine qui affichait des clichés de bébés joufflus ou de communiants aux mains jointes. La photo était leur passion et ils passaient des journées entières l'appareil en bandoulière, à traquer l'image. Quelquefois, on les conviait à un mariage, dont ils étaient chargés de faire le reportage. Ils se déplaçaient alors avec leurs téléobjectifs et guettaient les expressions à immortaliser afin que, en feuilletant leur album, les mariés puissent revivre éternellement les émotions de ce jour unique. Eux-mêmes étaient mariés depuis six ans.

Ce jour-là, ils avaient exceptionnellement fermé le magasin pour se rendre à Rennes. Main dans la main, ils traversèrent le hall de l'hôpital et se dirigèrent vers le laboratoire où Antoine avait rendez-vous. Antoine s'approcha du secrétariat et déclina son nom.

— Ah, c'est pour le spermogramme ! s'exclama d'une voix puissante la jeune femme derrière son comptoir.

Antoine, rouge de confusion, jeta un coup d'œil furtif autour de lui et constata avec soulagement que personne n'avait réagi. Il se félicita alors d'avoir fait le déplacement jusqu'à Rennes pour faire ses examens dans l'anonymat. Une laborantine en blouse blanche vint lui remettre un réceptacle et lui indiqua la cabine numéro deux. Sans lâcher la main d'Agnès, il se dirigea vers l'endroit que la personne lui avait indiqué, quand elle les interpella :

— Madame, vous ne pouvez pas entrer avec lui, vous devez l'attendre dans la salle d'attente.

Devant son air dépité, elle dit à Antoine avec un petit sourire coquin :

— Vous avez ce qu'il faut à l'intérieur pour vous aider.

Antoine manqua de s'étrangler quand il l'entendit lui ajouter à voix haute :

— Il faut d'abord vous laver le gland et surtout, pensez à bien vous décalotter.

Il jeta un regard désespéré à Agnès, puis, penaud, entra dans la cabine, son récipient à la main.

Après avoir accompagné sa femme à toutes ses visites chez le gynécologue, il se soumettait à des tests à son tour car il estimait que faire un bébé, c'était leur affaire à tous les deux, pour le meilleur et pour le pire. Il ne comprenait pas ce règlement hypocrite qui interdisait la participation d'une partenaire et qui préférait laisser le patient seul devant des images obscènes. Les magazines écornés, souillés d'avoir été utilisés aux fins qu'il connaissait, lui inspiraient plutôt du dégoût. Sur celui qu'il avait choisi, la fille nue, en talons aiguilles et porte-jarretelles, qui écartait les cuisses en sortant une langue gourmande ne parvenait pas à réveiller sa libido, et il risquait une tendinite du poignet avant de parvenir à extraire quelques gouttes de sa semence. À force d'imagination et de concentration pour se représenter ses fantasmes les plus fous, il parvint enfin à accomplir sa mission. Il ressortit de la cabine écarlate et moite de sueur au bout d'une demi-heure de supplice.

Agnès était fière que son mari se fût prêté à ces examens qui allaient déterminer son taux de fécondité. Lorsqu'il était question de stérilité, c'était trop souvent la femme qui était incriminée, l'homme réfutant systématiquement sa responsabilité de peur qu'on mette sa virilité en cause. Mais Antoine savait que, quand bien même il aurait appris que ses spermatozoïdes n'étaient pas assez nombreux ou pas assez vigoureux, il n'en serait pas moins resté un homme. Dans ce cas, Agnès aurait été prête à renoncer au bonheur de porter un enfant, préférant se tourner vers l'adoption que de se voir inséminer le sperme d'un autre.

* * *

Les tests d'Antoine ne révélèrent aucune anomalie. Ils reprirent espoir, d'autant que, cette fois, Agnès avait presque quinze jours de retard. Ce matin-là, comme tous les jours, elle ouvrit le tiroir de sa table de nuit, chercha le thermomètre en tâtonnant et prit sa température. Cette pratique, à laquelle elle se soumettait depuis plusieurs années déjà, lui permettait de surveiller ses cycles et de repérer ainsi sa période de fécondité. Fébrile, elle dirigea le faisceau lumineux de sa lampe électrique sur le petit trait bleu du mercure et, en une fraction de seconde, tout s'écroula. Sa température avait chuté au-dessous de la barre des 37 °C, elle n'était pas enceinte. Le même scénario se déroulait tous les mois et pourtant elle ne pouvait pas s'empêcher d'être déçue à chaque fois. De grosses larmes débordèrent de ses paupières et elle tenta de réprimer les sanglots qui gonflaient sa poitrine, pour ne pas réveiller Antoine qui dormait près d'elle. Il était toujours atterré de la voir dans cet état. Heureusement, depuis qu'elle appliquait la méthode de la température, elle pouvait anticiper la survenue de ses règles et éviter l'angoisse qui l'envahissait dès qu'elle allait aux toilettes.

Bien qu'elle ait essayé de se faire la plus discrète possible, Antoine sentit son trouble à travers son sommeil, se réveilla et comprit. Il se tourna vers elle et l'attira contre sa poitrine en couvrant ses larmes de baisers.

Au début, les clients s'étonnaient que ce couple inséparable n'ait pas d'enfants et Agnès, lorsqu'elle venait de photographier un bébé, entendait systématiquement la même question : « Alors, et vous ? Quand est-ce que vous vous y mettez ? » Ce qui avait le don de l'exaspérer, car pour s'y mettre, ils s'y mettaient… Puis peu à peu, les langues se turent et, si certains continuaient à s'interroger, plus personne ne lui en parlait. La rumeur avait certainement fait son chemin et les habitants du quartier savaient à présent que « la dame des photos ne pouvait pas avoir d'enfants », ce qui créait parfois une gêne de leur part lorsqu'ils poussaient la porte du magasin en compagnie de leur progéniture. Jusqu'à présent, Agnès était parvenue à prendre un air détaché et à sourire aux bambins, mais depuis quelque temps, elle sentait une boule lui monter dans la gorge. Cette situation commençait à être insupportable pour elle. Puisqu'ici, ils n'avaient pas trouvé de solution à son problème, elle allait passer à l'étape supérieure et monter se faire examiner à Paris.

9

ANDREW RENTRA DE NEW YORK libéré du fardeau qu'il avait porté pendant trente-sept ans. Sa mère lui avait enfin parlé, des heures durant, comme si elle avait voulu rattraper le temps perdu. Ils avaient beaucoup pleuré ensemble. Elle s'était livrée à lui, lui confiant ce sentiment ambigu qui l'avait habitée pendant toute sa grossesse, où se mêlaient la honte d'avoir fauté et le bonheur de sentir dans son ventre ce petit être rien qu'à elle. Comme il insistait, elle avait fouillé dans des cartons remisés au sous-sol pour retrouver des photos jaunies qu'elle ne lui avait jamais montrées et sur lesquelles elle apparaissait à dix-sept ans, toute jeune maman.

Andrew savait qu'il devait cette levée de voile à Isabelle. Mais il ne pouvait lui exprimer sa reconnaissance, car si la vie avait repris son cours avec leurs retrouvailles sur l'oreiller, leurs rapports n'étaient plus les mêmes. Une gêne s'était installée entre eux et leurs dialogues sonnaient faux. L'ombre du bébé planait au-dessus de leur couple. Pour retrouver la complicité et l'insouciance de leurs débuts, Andrew aurait aimé pouvoir dire à Isabelle : « Oublie ce que je t'ai dit. On abandonne le projet d'avoir un enfant », mais il en était incapable, parce qu'il n'imaginait pas vivre à deux sans bâtir une famille et aussi parce qu'il avait une revanche à prendre. Sa mère l'avait engendré dans la honte : lui serait fier de voir sa femme porter son enfant. Il attendait, avec angoisse, qu'Isabelle se décide.

Isabelle, qui ressentait la pression de Andrew à travers son attitude et ses allusions, ne voulait pas se laisser influencer. Elle ne lui avait encore parlé de rien pour conserver son libre arbitre, mais elle savait que si elle ne voulait pas que leur relation s'étiole, elle allait devoir prendre sa décision rapidement.

* * *

Le Concorde amorça sa descente sur l'île de Santa Maria et, quelques minutes plus tard, les falaises qu'on apercevait à travers les hublots annonçaient l'imminence de l'atterrissage. L'appareil arrivait de Caracas et ne devait théoriquement rester que cinquante minutes avant de reprendre sa route vers Paris. Il n'avait pas suffisamment d'autonomie en carburant pour effectuer de longs trajets ; aussi, sur les vols à destination de Rio de Janeiro et de Caracas, une escale intermédiaire était prévue pour faire le plein. Dans l'éventualité où une défaillance technique aurait empêché le Concorde de redécoller aussitôt, l'aéroport de Dakar, où il se posait entre Paris et Rio, disposait de toute l'infrastructure nécessaire pour s'occuper des passagers. Ce n'était pas le cas de la petite île des Açores, dont l'aérodrome, situé dans une base militaire, n'employait pas de personnel d'accueil. Pour pallier cette déficience, le Concorde embarquait chaque fois une hôtesse au sol au départ de Roissy et la déposait à Santa Maria, où elle attendait qu'il ramène les passagers de Caracas.

L'avion immobilisa ses roues sur le tarmac. Isabelle ouvrit la porte pour accueillir sa collègue du sol. Cette dernière devait, en premier lieu, aller s'enquérir de la situation auprès du commandant. Elle ressortit quelques instants plus tard du cockpit, la mine épanouie. Tout allait bien et sa mission s'arrêterait là. Les passagers en provenance de Caracas allaient rester à bord pendant les cinquante minutes d'escale. Isabelle n'osait pas imaginer la difficulté de la tâche s'il avait fallu débarquer les passagers et leur trouver un hébergement digne de leur standing sur cette île désertique, même si aujourd'hui ils étaient peu nombreux ; sur cent sièges, une trentaine seulement était occupée. Visiblement soulagée, l'hôtesse du sol alla s'asseoir discrètement à sa place, à l'arrière de l'avion. Il y avait toujours eu une sorte de ségrégation entre les « rampants » et les navigants, considérés comme l'élite du personnel de la compagnie et, par conséquent, les métiers du sol avaient tendance à être sous-estimés, voire ignorés. Devant sa collègue qui dégustait son caviar comme un passager lambda tandis qu'elle-même virevoltait de l'un à l'autre pour satisfaire le moindre de leurs désirs, Isabelle se dit qu'au fond, être affectée au sol présentait quelques avantages.

Après le débarquement des passagers, Isabelle passa à son casier, étape obligée à chaque retour de courrier, pour vérifier qu'un « correctif », qui lui indiquerait une modification de son planning, ne s'y trouvait pas. Une lettre de la direction attira son attention. Elle aurait mieux fait de s'asseoir pour l'ouvrir.

En raison de leur faible taux de remplissage et de leur manque de rentabilité, toutes les lignes du Concorde sur l'Amérique du Sud vont être fermées d'ici la fin de l'année prochaine. Le Concorde ne desservira plus que New York.

Isabelle était atterrée. Alors que tout le monde pensait qu'il avait ouvert une nouvelle ère du transport aérien, le bel oiseau blanc se voyait condamné à une voie de garage. À nouveau, il faudrait onze heures pour atteindre Rio ou Caracas et Isabelle était désolée pour tous ses clients habitués à la ligne. D'un geste distrait, elle plongea la main dans son casier pour y attraper le papier qui était coincé au fond. C'était une invitation à l'inauguration du nouveau terminal international, organisée par le chef d'escale, le genre de manifestation à laquelle elle n'aurait jamais participé. Mais cette fois, elle conserva la feuille et retint la date en se disant que ce serait l'occasion pour elle de découvrir les métiers du sol.

10

Lorsqu'il rentra ce soir-là, Andrew retrouva dans les yeux d'Isabelle la petite lueur qui avait disparu ; aussi, quand elle lui annonça qu'elle avait quelque chose à lui dire, il ne réfléchit pas un instant et se jeta à son cou.

— Ne dis rien, j'ai compris : tu es enceinte ! Oh, si tu savais comme je suis heureux !

Il sentit Isabelle se raidir dans ses bras et recula. En voyant que son regard s'était à nouveau éteint, il comprit qu'il s'était fourvoyé et fut envahi d'une onde glaciale. Comment avait-il pu être assez naïf pour imaginer qu'elle attendait déjà leur enfant alors qu'il ne savait toujours pas si elle était décidée à en avoir un ?

Il se mit à marcher de long en large pour réprimer les tremblements de son corps. Heureusement, Isabelle gardait le silence. Il n'aurait pas supporté qu'elle intervienne. Elle devait le laisser seul surmonter sa déception. Au bout d'un moment, essayant de dissimuler le chevrotement de sa voix, il demanda :

— Alors, cette nouvelle ?

Isabelle le regarda avec douceur. Il paraissait complètement perdu. Comment allait-elle pouvoir lui expliquer à présent qu'il ne s'agissait que d'une première étape ? Elle tendit les mains vers lui et attrapa les siennes. Elles étaient glacées. Puis elle l'emmena s'asseoir avec elle sur le canapé.

— Je suis vraiment désolée de t'avoir fait une fausse joie, commença-t-elle.

— Non, c'est moi qui me joue des films, l'interrompit-il d'une voix atone. Je suis idiot.

— Disons que tu avais un peu brûlé les étapes. Alors, non, je ne suis pas enceinte, enfin pas encore, mais la nouvelle que je voulais t'annoncer devrait te rassurer : je suis prête.

Andrew leva vers elle un regard plein d'espoir et Isabelle serra ses mains qu'elle n'avait pas lâchées, avant de poursuivre :

— Mais il faut que tu saches une chose : ça ne va pas être aussi facile que tu l'as cru.

— Qu'est-ce qui te fait dire ça ?

Il se dégagea brusquement.

— Ça fait quatre ans que je n'ai plus mes règles.

À ces mots, Andrew bondit :

— Mais tu te fous de moi ? Pourquoi tu ne m'en as jamais parlé ?

— On ne va pas inverser les rôles, Andrew, répondit-elle calmement. Tu sais comment fonctionne un corps féminin, quand même ! On vit ensemble depuis dix-huit mois et tu ne t'es jamais posé la question ? Est-ce que tu as vu traîner un paquet de serviettes ou de tampons quelque part ? Non. Est-ce que tu m'as entendue une seule fois te dire : pas ce soir, je suis indisposée ? Jamais. Ça ne t'a pas étonné ?

— Mais je n'en sais rien, moi ! Tu es la première femme avec qui je partage le quotidien. Je n'ai jamais eu de sœur. Quant à ma mère, après tout ce qu'elle m'avait caché, tu ne penses pas qu'elle allait me parler de ça.

— Tu n'as jamais cherché à savoir non plus. C'est comme quand tu m'as dit d'arrêter la pilule.

Andrew la regarda, stupéfait.

— Comment, tu ne prenais pas la pilule ?

— Eh non…

— Mais pourtant, on n'a jamais fait attention, balbutia-t-il.

— C'est maintenant que tu t'en inquiètes ? demanda-elle avec un petit air ironique.

— Mais tu es une femme moderne, hôtesse de l'air en plus, c'était évident pour moi, se défendit Andrew.

— Je ne vois pas quel est le rapport avec mon métier, répliqua-t-elle sur un ton cinglant. À moins que tu fasses l'amalgame entre hôtesse de l'air et call-girl. Tu as sans doute oublié notre première rencontre.

Cette allusion à la veste qu'il s'était prise ce jour-là eut pour effet de le calmer aussitôt.

— Je te demande pardon. Je me suis comporté comme un sale égoïste. Mais comment comptes-tu régler ce problème ? Tu es suivie par un médecin ? Ce n'est pas grave, au moins ?

— Merci de le reconnaître et de t'intéresser enfin un peu à moi.

— Ne dis pas ça, Isabelle, depuis la première fois que je t'ai vue dans l'avion, il n'y a pas une minute où je ne pense pas à toi. C'est juste que je n'ai pas l'habitude de ces choses-là. Vraiment, je n'ai quasiment pas connu de femmes avant toi, ajouta-t-il d'un air confus.

Isabelle se radoucit.

— Je suis allée consulter un gynécologue pendant que tu étais à New York. Selon lui, mes cycles se seraient arrêtés à cause de ce que j'ai subi pendant ma vie professionnelle. Décollages et atterrissages fréquents, décalages horaires. Il m'a conseillé de reprendre une vie régulière si je voulais avoir une chance que ça revienne.

Andrew ne dit rien. Il savait combien elle aimait son métier. Il était en train de se dire que c'était fichu quand Isabelle revint de la pièce à côté où elle était allée chercher une feuille :

— Tiens, lis ça !

Son visage s'éclaira au fur et à mesure qu'il parcourait les lignes et découvrait, abasourdi, sa demande de reclassement au sol. Il la prit dans ses bras et la serra contre lui en lui disant d'une voix émue :

— C'était la plus belle preuve d'amour que tu pouvais me donner. Ça prendra le temps qu'il faudra, mais on l'aura, notre bébé.

11

Ce matin d'avril 1982, Isabelle se sentait comme une écolière à la rentrée des classes. Après trois semaines de stage pendant lesquelles elle avait accumulé les informations, enchaîné les exercices et les contrôles, voilà qu'elle était lâchée. La création du nouveau terminal international avait entraîné une modification du métier, et les agents d'escale, jusqu'alors assignés à une tâche bien particulière, étaient devenus polyvalents. Pour se familiariser avec l'ambiance de l'aéroport qu'elle connaissait finalement très peu, car les équipages avaient un circuit privé, elle longea les zones d'enregistrement. Les départs pour l'Amérique étaient concentrés au bout du terminal. Le cœur d'Isabelle se serra lorsqu'elle vit affiché le vol Concorde pour New York, le seul qui avait subsisté, et elle détourna la tête afin d'éviter de croiser le regard d'un client qui aurait pu la reconnaître dans son nouvel uniforme. Elle se rendit compte alors qu'elle n'avait pas totalement assumé sa reconversion.

Isabelle atteignit enfin la zone d'enregistrement du vol sur lequel elle était programmée. Dans la file d'attente déjà longue, l'anglais texan se mêlait à l'espagnol ; pour atteindre son siège, elle dut se frayer un chemin parmi les passagers agglutinés au comptoir. Elle jeta un œil sur la grosse pendule qui lui faisait face dans le hall. Elle avait cinq minutes d'avance sur l'ouverture du vol. Elle allait pouvoir essayer de se remémorer ce qu'elle avait appris en attendant l'arrivée de ses collègues. Concentrée sur son ordinateur qu'elle ne parvenait même plus à allumer tant elle était paniquée, elle sentait le regard de tous ces gens peser sur elle. Elle avait une boule dans la gorge et ses mains moites laissaient des traces sur le clavier. Soudain, l'écran qui la surplombait afficha en lettres lumineuses Houston-Mexico. Les rangs se resserrèrent devant elle et le premier passager lui présenta son billet, qu'elle saisit d'une main tremblante.

* * *

Les mois passèrent. Si Isabelle était tout à fait à l'aise à présent dans ses nouvelles fonctions, elle ne pouvait empêcher les regrets. Certes, son nouveau métier lui plaisait, mais chaque fois qu'elle montait à bord d'un avion pour remettre les documents de vol, elle était terriblement frustrée de devoir ensuite le laisser décoller sans elle.

Sa journée était terminée. Elle quitta le parking du personnel et roula le long des bâtiments en béton dont la couleur se confondait avec celle du ciel. Elle monta le son de son autoradio pour couvrir le couinement de l'essuie-glace qui balayait inlassablement le pare-brise, puis s'engagea sur l'autoroute en direction de Paris. Des champs de betteraves à perte de vue, vastes étendues boueuses, complétaient cet environnement sinistre, auquel Isabelle ne parvenait pas à s'habituer. Les parfums d'ailleurs lui manquaient terriblement. Elle s'était consolée, au début, en se disant que son sacrifice n'avait pas été inutile. En effet, son gynécologue avait vu juste. Après trois mois de sédentarisation, elle avait été réveillée en pleine nuit par une douleur fulgurante dans le bas-ventre qu'elle n'avait pas eu de mal à identifier et depuis, des boîtes de tampons étaient venues rejoindre les rasoirs de Andrew dans le placard de la salle de bains. Isabelle était redevenue une femme « normale », avec tous les inconvénients liés à sa menstruation. Mais le miracle n'était pas allé plus loin et, de mois en mois, de déceptions en désillusions, la patience de Andrew se transformait peu à peu en exaspération. La situation était d'autant plus difficile pour Isabelle qu'elle s'était imposé un rythme qui ne lui convenait pas. Elle avait toujours fui la routine, et les horaires décalés qu'elle avait tenu à conserver ne lui suffisaient pas. Elle aimait faire sa valise, dormir chaque nuit dans un nouveau lit, entendre parler une autre langue, voir des paysages différents. Si Andrew se languissait de son absence, elle-même n'en savourait que mieux leurs retrouvailles. Depuis qu'elle rentrait chez eux tous les soirs, sa vie lui semblait plus terne. Elle ne perdait pas de vue le but qui l'avait poussée à ce changement et elle attendait que germe la petite graine en elle, en espérant que le fameux instinct maternel se réveillerait alors. Car pour le moment, elle n'avait que du ressentiment envers ce futur bébé qui avait changé le regard que Andrew lui portait, transformant la femme qu'il aimait en une génitrice potentielle.

12

LE TRAIN ARRIVAIT EN GARE MONTPARNASSE. Agnès prit sa petite valise dans le filet au-dessus de sa tête et descendit sur le quai. Le fourmillement des passagers qui se précipitaient vers la sortie la plongea immédiatement dans l'ambiance parisienne et elle se sentit un peu perdue au milieu de ces gens pressés qui la bousculaient sans la voir. Elle héla un taxi et lui demanda de la conduire à l'hôpital Antoine-Béclère. Sa construction sur pilotis et ses fenêtres en forme de trapèze lui avaient valu un prix d'architecture, mais il devait surtout sa réputation à son service de gynécologie. C'était là que, l'année précédente, Amandine, le premier bébé-éprouvette français, avait vu le jour.

* * *

Isabelle monta les marches du grand escalier qui menait à l'entrée de l'hôpital. Elle inspira fort pour maîtriser les battements accélérés de son cœur. La sensation de malaise était à son comble quand elle pénétra dans le hall. Sur les panneaux, elle repéra le nom de celui qui était à l'origine de sa présence ici : le chef du service d'obstétrique dont l'équipe avait réussi la première fécondation *in vitro* en France. Isabelle s'était occupée de lui à l'aéroport, lors d'un de ses déplacements à l'étranger. Sa photo, ainsi que celle de son collaborateur, ayant fait la une des journaux, Isabelle l'avait tout de suite identifié et elle n'avait pas pu s'empêcher de le féliciter. Cette rencontre lui était apparue comme un signe. La simplicité et la gentillesse du professeur avaient achevé de la convaincre et elle avait pris aussitôt rendez-vous à l'hôpital Antoine-Béclère.

Suivant le parcours fléché, elle poussa une porte battante et entra dans un couloir, où elle fut prise à la gorge par une forte odeur de désinfectant. Isabelle détestait les hôpitaux et son appréhension était décuplée par l'idée de se retrouver de nouveau les jambes écartées sur une table d'examen devant un homme, car la prestigieuse équipe était exclusivement masculine. Seule l'image de Andrew, qu'elle n'avait pas prévenu de sa présence ici pour ne pas lui laisser de faux espoirs, lui donnait le courage de continuer. La salle d'attente était pleine à craquer de femmes qui avaient mis des mois à obtenir ce rendez-vous. Isabelle, restée sur le seuil en attendant qu'une place assise se libère, les observa. On les sentait un peu tendues, mais au fond de leurs yeux brillait la même lueur : celle de l'espoir. Ces femmes désespérées de n'avoir pu être mères étaient venues ici comme on allait à Lourdes, rêvant de mettre au monde elles aussi une petite Amandine. Elles attendaient le miracle dont elles avaient entendu parler à la télévision et le professeur qui allait les recevoir était leur sauveur.

La porte du cabinet s'ouvrit, laissant entrer la patiente suivante. Gentiment, une femme lui fit signe en lui indiquant le siège vide à côté d'elle. En traversant la salle d'attente, Isabelle répondit aux sourires qu'on lui adressait et elle fut soudain apaisée par la bienveillance qui régnait parmi ces femmes en mal d'enfant. Elle eut la sensation étrange d'être admise parmi une communauté. Aucun homme ici, comme le fit remarquer avec amertume la personne près de qui Isabelle avait pris place.

Blonde, les cheveux mi-longs coupés en dégradé, elle avait l'air très sympathique. Les fines rides qui se dessinaient autour de ses yeux bleus s'accentuaient lorsqu'elle souriait et rendaient son visage encore plus expressif. Sentant sans doute le trouble d'Isabelle, elle engagea aussitôt la conversation et se présenta sous le nom d'Agnès.

— C'est la première fois que vous venez consulter ici ? demanda-t-elle à mi-voix.

Isabelle fit oui de la tête. Le gros dossier qu'elle remarqua sur les genoux de sa voisine ne fit qu'augmenter son angoisse. Elle lui demanda d'une voix mal assurée :

— On vous a fait faire beaucoup d'examens ?

— Beaucoup, oui. Depuis deux ans, j'ai eu un vrai parcours du combattant. Mais maintenant c'est terminé, ajouta-t-elle avec un sourire en posant sa main sur son ventre.

— Vous attendez un bébé ?

— Oui, répondit Agnès, radieuse. Au bout de huit ans de mariage, nous allons enfin avoir un enfant. Vous verrez, cette équipe est formidable. C'est ma troisième insémination artificielle. Les deux premières n'ont pas pris, mais celle-là, c'est la bonne. Je suis enceinte de deux mois.

— Huit ans ! fit Isabelle avec perplexité. Je ne pense pas que mon ami aura la patience d'attendre aussi longtemps.

— Votre ami ? Mais vous ne pensez quand même pas qu'il vous quitterait parce que vous ne pouvez pas avoir d'enfant ? Il a fait des examens, lui aussi ?

— Quels examens ? s'étonna Isabelle.

— Mais un spermogramme, pour savoir si le problème ne viendrait pas de lui !

— Ah ! Non, ce n'est pas la peine. Je sais que ça vient de moi, répondit Isabelle. J'ai eu une absence de règles pendant plusieurs années à cause de mon métier. Depuis que j'ai arrêté, c'est revenu, mais mes cycles sont encore très irréguliers.

— Il y a combien de temps que c'est revenu ?

— Dix mois.

— Mais dix mois, c'est rien ! s'exclama Agnès en levant les yeux au ciel.

— Je sais, répondit Isabelle avec gêne. C'est ce que je ne cesse de lui répéter.

— Excusez-moi pour toutes ces questions indiscrètes, mais vous m'aviez semblée si perdue en arrivant que j'ai eu envie de vous aider.

— Ça se voyait tant que ça ? soupira Isabelle.

— Pas forcément, mais vous savez, mon métier, c'est de capter les émotions, alors la vôtre, je l'ai remarquée tout de suite.

— Ah bon ? Qu'est-ce que vous faites ? Vous êtes psychologue ?

— Peut-être un peu, par certains côtés, répondit Agnès en souriant. Je suis photographe. Nous avons un magasin de photos dans une petite ville de Bretagne, avec mon mari. Cette fois, il n'a pas pu m'accompagner car il y a beaucoup de travail entre l'Ascension et la Pentecôte, mais il a été présent à chacune de mes visites.

— Votre mari vous accompagne ? Moi, ça ne me serait pas venu à l'idée de lui demander de venir avec moi chez le gynécologue. D'ailleurs, il n'est même pas au courant de ma présence ici, avoua Isabelle.

— Un enfant, ça se fait à deux, rétorqua Agnès. On a trop tendance à en laisser la responsabilité à la mère. Quand je vois toutes ces femmes seules autour de nous, ça me met en rage.

— Moi, je préfère le laisser à l'écart de tout ça, affirma Isabelle. J'ai déjà tellement peur de me transformer en mère pondeuse, ajouta-t-elle avec une moue de dégoût, et de ne plus lui plaire, que je ne voudrais surtout pas qu'il me voie dans cette position dégradante.

Cette déclaration, si loin de sa vision de la maternité, laissa Agnès perplexe. Elle baissa la tête vers son ventre légèrement bombé et le caressa doucement en disant :

— Sincèrement, je pense que porter un enfant ne retire rien à la beauté d'une femme, bien au contraire ! Nous avons cette chance de pouvoir porter la vie, que beaucoup d'hommes nous envient.

— Vous avez sans doute raison, admit Isabelle. D'ailleurs, mon ami est tellement impatient de me voir enceinte que je me demande même parfois s'il n'a pas plus envie de me voir avec un gros ventre que d'avoir réellement un enfant.

— S'il a réellement ce désir, vous n'avez vraiment aucune crainte à avoir en l'amenant avec vous la prochaine fois, lui assura Agnès.

Le médecin appela Agnès, qui, avant de se lever, glissa à Isabelle une carte de visite, en lui disant :

— Si vous avez besoin de conseils, n'hésitez pas à m'appeler. Bonne chance !

— Merci ! Bonne continuation !

Une autre personne prit place auprès d'Isabelle qui garda les yeux fixés au sol. L'angoisse qui s'était apaisée le temps de son échange avec Agnès reprit de plus belle. Elle sentait la sueur couler sous ses bras et imprégner son chemisier. Lorsque, enfin, son tour arriva, sa bouche était si sèche qu'elle se demanda comment elle allait pouvoir prononcer ne serait-ce qu'un mot.

13

SEULE DANS SA CHAMBRE à la clinique d'accouchement, Agnès était prostrée sur son lit. Elle regarda le berceau placé près d'elle qu'ils n'avaient même pas eu la délicatesse de retirer. Instinctivement, elle posa la main sur son ventre qui hier encore portait la vie.

Au comble du bonheur, elle était enceinte de trois mois quand une tache rougeâtre l'avait alertée, cette affreuse tache, ce signe qu'elle avait redouté chaque mois pendant des années et qui n'aurait pas dû apparaître. Les saignements pendant la grossesse n'étaient pas rares et son gynécologue l'avait aussitôt rassurée, tout en lui conseillant, par précaution, de venir se faire examiner. Agnès repassait en boucle dans sa tête la scène qu'elle avait vécue la veille et elle aurait voulu se réveiller en se disant que c'était un cauchemar. Elle revit le visage souriant et confiant du médecin lorsqu'il avait commencé à promener la sonde sur son ventre en lui disant : « On va entendre le cœur, vous verrez comme c'est émouvant. » Mais, tandis qu'il déplaçait la sonde de manière plus nerveuse, elle l'avait senti perdre peu à peu son assurance et elle l'avait vu pâlir, puis se figer. Le souffle suspendu, ils avaient attendu que le monitoring détrompe son mauvais pressentiment. En vain. Le petit cœur en elle avait cessé de battre. La vie avait bel et bien quitté celui qu'elle considérait déjà comme son enfant.

Agnès s'était effondrée dans les bras du praticien tellement contrarié de lui avoir donné un faux espoir qu'il ne parvenait pas à trouver les mots pour la consoler. Il avait aussitôt appelé Antoine, qui avait baissé le rideau du magasin pour venir la chercher. Il l'avait ramenée à la clinique avec sa petite valise. Demain à la première heure, on allait fouiller son intimité pour en extraire le fœtus qui avait failli devenir son bébé. Agnès avait déjà subi plusieurs fausses couches, mais ce n'était rien par rapport à l'horrible sensation qu'elle éprouvait en ce moment. Elle savait qu'elle portait en son sein un être mort, son enfant mort, et elle devait encore attendre une nuit avant d'en être délivrée.

L'heure des visites était passée et Agnès était seule. Malgré son insistance, aucune dérogation n'avait été possible pour permettre à Antoine de rester. Visiblement insensible à leur besoin de se réconforter mutuellement, l'infirmière en chef avait appliqué le règlement. Déjà révolté par le manque d'humanité de ces personnes dont la base du métier était censée être l'empathie et frustré d'être mis à la porte comme un étranger, Antoine avait reçu le coup de grâce quand il avait appris que sa présence serait également interdite pendant l'intervention. Il était rentré chez lui anéanti.

Pendant ce temps, il régnait dans le couloir de la clinique une agitation joyeuse. Sans égard pour Agnès, les infirmières n'avaient pas jugé nécessaire de fermer la porte de sa chambre située face à la pouponnière et elle avait devant les yeux le ballet des bébés qu'on retirait aux mères pour la nuit. Au comble du désespoir, elle se boucha les oreilles pour ne plus entendre les cris des nourrissons et, la tête dans l'oreiller, se mit à sangloter.

Elle fut réveillée au petit matin par la distribution des biberons. La porte, qu'elle avait soigneusement fermée, avait été rouverte et elle dut subir à nouveau la torture psychologique de cette vision du bonheur. Mais elle n'avait plus la force de réagir. L'effet du somnifère que l'infirmière de nuit lui avait administré ne s'était pas complètement dissipé et elle était encore somnolente quand elle entendit :

— Il faut préparer l'IVG de la 15. On doit la descendre au bloc dans une heure.

Agnès vérifia le numéro de sa chambre indiqué sur la porte ouverte et n'en crut pas ses yeux. C'était bien d'elle qu'il s'agissait. Elle eut envie de leur hurler : « Vous avez dit quoi ? IVG ? *V*, ça veut dire volontaire ! Mais moi, je ne voulais pas l'interrompre, cette grossesse ! » À nouveau, ses larmes jaillirent devant cette injustice. Elle essaya timidement de rétablir la vérité auprès de l'infirmière qui lui apporta un comprimé, mais celle-ci rétorqua en haussant les épaules :

— L'intervention que vous allez avoir, c'est une interruption de grossesse. On n'a pas besoin d'en connaître la raison, ça ne change rien pour nous.

Ne cherchant plus à se justifier, Agnès avala le cachet sans un mot et attendit stoïquement la suite des opérations, qui ne tarda pas. Mais son col restait résolument fermé, comme si son corps refusait d'abandonner ce malheureux fœtus, et ils durent employer les grands moyens afin de pouvoir extirper l'hôte indésirable de son cocon. Tandis qu'une canule lui traversait le vagin, Agnès, qui se tordait de douleur, vit avec soulagement s'approcher de son bras la grosse seringue qui la fit basculer dans le noir.

* * *

Antoine sourit à Agnès qui venait d'ouvrir les yeux. Il l'attendait dans sa chambre et, depuis qu'elle était remontée du bloc, il ne lui avait pas lâché la main. Malgré l'antalgique qui coulait dans ses veines à travers la perfusion, de violentes contractions crispaient son visage et Antoine, impuissant devant cette souffrance qu'il aurait tellement aimé pouvoir soulager, la regardait d'un air désolé. Il se sentait inutile dans son rôle d'homme. Le médecin lui avait expliqué que l'intervention avait été plus délicate que prévu et qu'il avait dû procéder à une césarienne pour extraire le fœtus qui, à 14 semaines, était déjà un peu gros. Antoine avait refusé l'autopsie qui aurait déterminé la cause de l'arrêt de la grossesse. Il savait que c'était leur dernière chance, et le plus important maintenant était de réconforter Agnès.

14

Isabelle régla son réveil à 3 h 45. Elle perdait à présent un quart d'heure de sommeil tous les jours, car elle devait prendre sa température chaque matin. La courbe vaudrait ce qu'elle vaudrait puisqu'elle ne se levait jamais à la même heure, mais c'était une étape incontournable avant de pouvoir commencer le traitement. Les examens avaient confirmé la faiblesse de ses ovaires et il allait certainement falloir les stimuler. Le médecin ne lui avait pas promis de miracle, et il l'avait prévenue que le parcours serait long, sinueux et surtout très contraignant.

Elle prit son service le lendemain dans une ambiance électrique. On venait de les informer d'une nouvelle mission à l'arrivée de certains avions. Face à l'augmentation brutale de l'adoption internationale en Europe, des associations avaient dû être créées pour organiser le convoyage des enfants vers leurs futurs parents, mais le nombre d'accompagnatrices bénévoles n'était toujours pas suffisant ; aussi, les compagnies aériennes avaient été sollicitées pour mettre du personnel à leur disposition à l'arrivée des vols. Cette annonce avait déclenché un tollé parmi ses collègues, chacun y allant de son commentaire.

Il avait été prévu de confier la tâche aux femmes, jugées plus aptes à s'occuper de bébés. Les protestations des hommes offensés d'avoir été évincés se mêlèrent aux vociférations des mères de famille qui refusaient de toucher ces enfants de peur de rapporter des maladies tropicales à la maison. Isabelle ne dit rien. Elle ne se sentait pas légitime pour donner son avis sur la question, mais elle ne put s'empêcher de trouver malgré tout le comportement de ces mères bien égoïste.

Le vol en provenance de Séoul était en approche. C'était l'un de ceux précédemment nommés, à l'arrivée desquels ils devraient accueillir les enfants. Malgré sa discrétion et à sa grande stupeur, Isabelle entendit son nom. C'était elle qui avait été désignée pour cette première fois. Ne voulant pas en rajouter, elle se garda de protester mais ce fut remplie d'appréhension qu'elle se dirigea vers la passerelle où le B747 qui arrivait de Corée venait d'atterrir. Elle n'avait jamais tenu un bébé dans ses bras et n'avait aucune idée de la façon dont elle allait s'y prendre.

Elle monta à bord et traversa l'avion vidé de ses passagers. Elle regarda les oreillers et les couvertures éparpillés, les gobelets et les papiers jetés entre les sièges, vestiges d'une nuit en vol. Il flottait dans l'air une odeur caractéristique, petite madeleine de Proust qui la renvoyait à l'époque où sa vie était là et soudain, une brusque nostalgie s'empara d'elle, lui faisant l'espace d'un instant oublier la véritable raison de sa présence à bord. Puis, ravalant sa peine et ses souvenirs, elle continua à avancer vers l'arrière de l'appareil. Elle s'approcha des accompagnatrices qui l'attendaient avec les enfants.

Ce fut un choc. Elle qui avait longtemps considéré un bébé comme un tube digestif doté de cordes vocales, vit dans leur regard une détresse qui lui tordit le ventre et son émotion déjà à fleur de peau déborda. Assis sur les genoux de femmes inconnues, le visage bouffi d'avoir trop pleuré, ils se tenaient droits, comme pour éviter tout contact avec elles, et dans leurs yeux gonflés on lisait la peur et l'incompréhension. Isabelle tendit spontanément les bras vers l'un d'eux. Amorphe, il se laissa faire. Il semblait épuisé. La morve avait séché sous son nez, des traces de vomi maculaient ses vêtements et il avait fait dans sa couche. Il ne sentait pas très bon, mais ces odeurs corporelles qui, en temps ordinaire, l'auraient révulsée, la laissèrent insensible. Mue par un instinct qui ne s'était jamais manifesté jusqu'alors et qui la surprit elle-même, elle le serra contre elle pour tenter de réchauffer son petit corps glacé par la climatisation et le sentit peu à peu se relâcher dans ses bras. Mais le périple de ces enfants n'était pas terminé, car Paris n'était qu'une étape, et il fallait les rendre présentables pour leurs parents adoptifs qui les attendaient à Stockholm. Alors, guidée par les bénévoles de l'association, elle accomplit ses premiers gestes de puériculture.

* * *

Six mois plus tard, Isabelle était de retour à l'hôpital. Elle avait rempli scrupuleusement sa courbe de température, mais elle n'avait eu qu'une seule ovulation, sans résultat. Elle écouta le professeur lui expliquer le lourd protocole à démarrer sans tarder, car comme le lui avait déjà fait remarquer le premier gynécologue qu'elle avait consulté, la fertilité diminuait avec l'âge et Isabelle venait d'avoir trente-cinq ans. Après avoir pris rendez-vous pour les prochains examens, où, cette fois, Andrew lui avait promis de l'accompagner, elle regagna son domicile. Elle était abattue et elle avait besoin d'un peu de réconfort. C'est alors qu'elle repensa à la femme sympathique qui l'avait encouragée dans la salle d'attente, lors de sa première visite à l'hôpital. Elle chercha dans son portefeuille la carte de visite qu'elle lui avait laissée. Son bébé devait être né à présent. Pourquoi n'iraient-ils pas faire un tour en Bretagne avec Andrew et leur rendre visite ? Heureuse de son idée, elle composa le numéro du magasin de photo d'Agnès.

Après plusieurs sonneries, quelqu'un décrocha et une voix féminine très jeune répondit :

— Allô !

— Bonjour, pourrais-je parler à Mme Guichard, s'il vous plaît ?

Après un silence, la jeune fille lui répondit :

— Elle n'est pas là.

Et sans donner le choix à Isabelle, elle ajouta :

— Ne quittez pas, je vous passe M. Guichard.

Isabelle, un peu embarrassée de devoir parler à son mari qu'elle ne connaissait pas, aurait préféré rappeler Agnès. Des bribes de conversation lui parvinrent au fond. Elle patienta, se disant qu'il devait être avec un client. Au bout d'un instant, elle perçut le grelot indiquant la fermeture de la porte puis des pas résonnèrent jusqu'au téléphone.

— Allô, oui ? fit une voix masculine.

— Bonjour, je m'appelle Isabelle Gonthier. J'ai rencontré votre femme à l'hôpital Antoine-Béclère il y a huit mois et elle m'avait laissé votre carte pour que je la recontacte. Je suis désolée, il est peut-être un peu tard et elle doit être en train de s'occuper de votre bébé.

Isabelle entendit un soupir dans l'appareil.

— Il n'y a pas de bébé. Il n'est jamais venu à terme.

Horrifiée par sa gaffe, Isabelle n'osait plus prononcer un mot. Mais comment aurait-elle pu prédire un tel destin à cette femme dont le parcours avait déjà été si difficile ? Elle reprit sa respiration et demanda doucement :

— Et comment va Agnès ?

— Agnès va très mal. Elle est actuellement en cure de sommeil à l'hôpital psychiatrique de Rennes. Essayez de rappeler dans quelques mois, quand elle se sera remise. Enfin si, comme je l'espère, elle s'en remet, ajouta-t-il d'une voix atone.

— Je suis vraiment désolée pour vous. Excusez-moi de vous avoir dérangé. Au revoir, monsieur.

— Au revoir, madame.

Isabelle raccrocha le téléphone et fondit en larmes. Pas tant pour le malheur de cette femme, qu'après tout, elle ne connaissait pas, que pour l'effondrement de l'édifice dans lequel elle avait mis tous ses espoirs. L'échec d'Agnès avait cassé la branche à laquelle Isabelle pensait pouvoir se raccrocher et, à présent, elle était perdue.

15

ISABELLE QUITTA L'HÔPITAL, épuisée par les nouveaux examens auxquels elle avait dû se soumettre. Depuis quelques mois, elle avait entamé ce qu'Agnès avait nommé, à juste titre, le parcours du combattant. Elle devait jongler avec ses horaires de travail pour recevoir à l'instant T l'injection censée stimuler ses ovaires, multiplier ensuite les prises de sang et divers contrôles destinés à surveiller sa production d'ovules, puis leur maturation, avant de recevoir le feu vert pour des rapports sexuels à répétition. Un programme qui n'avait vraiment rien de réjouissant, d'autant qu'il avait très peu de chances d'aboutir au résultat espéré, comme venait de le lui confirmer, à nouveau, le médecin.

Il faisait déjà nuit lorsqu'elle reprit sa voiture et, en s'insérant parmi la longue rangée de phares, elle sut qu'elle allait mettre des heures à rentrer chez elle. Pour se faire pardonner son absence, Andrew avait prévu de l'emmener au restaurant. Une nouvelle fois, malgré sa promesse, il n'avait pas répondu présent à ses côtés, et le poids sur les épaules d'Isabelle commençait à être un peu trop lourd à porter. Elle avait conscience des responsabilités professionnelles de son ami, mais elle se demandait si, au fond, ce prétexte récurrent n'était pas un moyen de se défiler. Il avait décidé qu'il voulait un enfant, mais il ne semblait pas intéressé par la façon d'y parvenir, pas plus qu'il ne s'était senti concerné par la contraception, et Isabelle en avait assez de se battre seule.

Il était près de 20 heures lorsqu'elle mit la clé dans la serrure. Andrew se précipita pour lui ouvrir la porte et la prit dans ses bras. L'ambiance feutrée de leur appartement et la musique douce qui provenait du salon ne donnaient pas envie à Isabelle de ressortir dans la nuit pluvieuse, mais, ne voulant pas décevoir Andrew, elle alla se préparer. Elle s'engageait dans le couloir pour se diriger vers la salle de bains quand elle aperçut en passant la table, décorée de bougies, sur laquelle le couvert était mis pour deux personnes. Isabelle adorait les dîners aux chandelles. Voyant son étonnement, Andrew lui dit :

— J'ai pensé qu'après une telle journée tu serais fatiguée, alors j'ai annulé le restaurant et fait livrer des plats par le traiteur.

Touchée par cette marque d'attention, Isabelle regretta les mauvaises pensées qu'elle avait eues dans la voiture. Tandis que l'eau brûlante de la douche évacuait peu à peu les tensions de la journée, elle analysa la situation. Andrew accomplissait son rôle d'homme, qui se limitait à la féconder. Il n'avait pas besoin de s'impliquer davantage puisqu'il était évident que le problème d'infertilité ne venait pas de lui. Au fond, ce combat n'était pas le sien, et Isabelle prit conscience que, s'ils échouaient, elle serait la seule à en porter la responsabilité. Elle craignait malheureusement que, à cette fâcheuse éventualité, leur couple ne résiste pas. Andrew avait tout misé sur cet enfant, et il serait tellement déçu qu'elle était sûre qu'il lui en voudrait malgré lui. Isabelle s'interrogea sur la pertinence de continuer à lutter contre la nature pour essayer de procréer à tout prix alors qu'il y avait tant d'enfants abandonnés.

Dès le début du repas, sans oser encore lui suggérer l'éventualité de recourir à l'adoption, Isabelle lui décrivit avec passion son expérience auprès des petits Coréens. Connaissant sa sensibilité, elle s'attendait à ce qu'il partage son émotion mais elle fut déçue de constater qu'il l'écoutait à peine. Elle le regarda faire tourner son verre de vin dans sa main et en conclut que le sujet ne l'intéressait pas. Pour faire diversion, elle entreprit de lui raconter sa visite à l'hôpital, en espérant que, bien qu'il ne lui eût rien demandé, il se sentirait davantage concerné.

— Le professeur te le dira lui-même la prochaine fois, quand tu m'accompagneras, mais tu sais, il m'a encore confirmé que les chances pour que je tombe enceinte étaient vraiment minimes.

Andrew posa son verre sur la table et mit sa main sur la sienne en souriant :

— Ne l'écoute pas, ma chérie, ces médecins sont toujours si pessimistes...

Agacée par autant de mauvaise foi, elle se dégagea brusquement.

— Enfin, Andrew, ils savent ce qu'ils disent, c'est leur métier.

— Oui, bien sûr. Mais peut-être qu'au fond, ça les arrange de faire croire à toutes ces femmes qu'elles ne pourront pas avoir d'enfant à moins de venir pendant des mois à leur cabinet. Tu sais, la médecine, c'est un business comme un autre.

— Mais tu dis vraiment n'importe quoi ! Les médecins sont des humanistes, voyons ! Pas des hommes d'affaires ! Tu as l'esprit complètement déformé par ton boulot, ma parole !

— Et toi, tu es bien naïve, fit-il sur un ton condescendant qui acheva d'exaspérer Isabelle. Comment faisaient nos grands-mères avant l'invention de toutes ces méthodes ? Il faut qu'on continue à y croire sans se laisser décourager. On va essayer encore. Tu vas réussir à me le faire, ce bébé, j'en suis sûr !

— Andrew, arrête de te voiler la face, s'il te plaît ! Je te rappelle que le mois dernier, je n'ai pas eu d'ovulation, malgré le traitement. Et sans ovule, pas de bébé.

Andrew prit une bouchée de son plat qui refroidissait dans son assiette.

— Tu ne manges pas ?

Il voulait changer de sujet pour détendre l'atmosphère qui était en train de s'électriser. Au lieu de faire honneur aux mets raffinés qu'il avait mis sur la table, Isabelle revint à la charge :

— Je voudrais d'abord répondre à ta question. Comment faisaient nos grands-mères ? Effectivement, elles ne s'embarrassaient pas de tous ces tracas. Les enfants venaient, ou pas. Parfois il y en avait trop, beaucoup trop, parfois aussi elles mouraient en couche. Si la nature avait décidé qu'elles n'auraient pas d'enfant, c'était accepté comme une fatalité... Si l'homme voulait des enfants, il n'avait qu'à se trouver une nouvelle femme. Sinon, le couple vivait seul et s'occupait éventuellement des neveux.

Andrew continuait à manger, mais cette fois il paraissait l'écouter. Cela encouragea Isabelle à poursuivre son monologue :

— Aujourd'hui, on n'accepte plus la fatalité : on veut un enfant à tout prix. Il y a des couples qui sacrifient des années de leur vie pour essayer d'en mettre un au monde, et bien souvent, malgré tous leurs efforts, ça ne marche pas. Alors, quand il n'y a plus d'espoir, certains finissent par se tourner vers l'adoption. Tu ne crois pas qu'ils auraient mieux fait de commencer par là, au lieu de s'obstiner comme on est en train de le faire ? Il y a tellement d'enfants abandonnés sur cette terre !

Andrew se leva brutalement en renversant son verre, colorant le parquet du grand cru qu'il avait débouché plus tôt.

— Tu crois que je ne te vois pas venir, avec tes histoires d'adoption ? Il n'en est pas question, tu entends ? Ce n'est pas mon problème s'il y a des gosses abandonnés, et je suis encore capable de faire un enfant moi-même, sans avoir besoin de récupérer celui des autres !

Abasourdie par la violence de ses propos, Isabelle resta figée. Andrew vit qu'il avait été un peu trop loin et essaya de se radoucir.

— Honnêtement, je ne pense pas être capable d'aimer un enfant qui ne serait pas le mien. L'adoption n'a aucun sens pour moi. Isabelle, notre enfant, c'est un morceau de chacun de nous, tu comprends ?

Il se leva et fit le tour de la table pour venir enlacer Isabelle. Elle eut un mouvement de recul et quitta la pièce, laissant Andrew, penaud, regarder les bougies qui continuaient à se consumer sur la table en fondant sur la jolie nappe maculée de vin.

* * *

Le thermomètre resta dans la table de nuit ce matin-là. Isabelle regarda Andrew qui dormait près d'elle et repensa à la phrase qu'il avait prononcée. « Tu vas réussir à me le faire, ce bébé. » Visiblement, il n'avait pas assimilé qu'un enfant, ça se faisait à deux. Elle fit le point sur les quatre années qu'ils avaient passées ensemble et en vint à la triste conclusion que l'homme qu'elle aimait n'était lui-même qu'un enfant gâté.

Comme un automate, elle prit son uniforme dans l'armoire et se dirigea vers la salle de bains. En passant, elle jeta un coup d'œil dans la salle de séjour. Aucune trace de leur horrible soirée ne subsistait, comme si Andrew, en frottant le plancher en pleine nuit, avait voulu gommer ses propos odieux. Ils étaient, hélas, gravés dans le cœur d'Isabelle.

* * *

Andrew se réveilla en nage. Le cœur battant la chamade, il tendit une main pour sentir la présence réconfortante d'Isabelle à ses côtés mais ne trouva que le drap froid. Elle était déjà partie. L'aube tardive de l'hiver éclairait timidement la fenêtre de la chambre en laissant Andrew distinguer ce qui l'entourait. L'angoisse qui l'étreignait céda peu à peu la place à un indicible malaise.

16

DIX MOIS S'ÉTAIENT ÉCOULÉS depuis qu'ils avaient perdu leur bébé. Avant de partir, Antoine plia les petits pyjamas qu'il rangea dans une valise, puis il donna un tour de clé à la chambre dont il avait tapissé les murs de lapins bleus. Le cœur lourd, il regarda la porte fermée. Neuf ans d'attente pour en arriver là ! Pourquoi avaient-ils écouté ces médecins qui avaient voulu tenter le tout pour le tout, qui les avaient encouragés à persévérer après chaque échec ? Ah, il y avait des réussites dont ils pouvaient être fiers ! Mais pour une petite Amandine, combien de femmes détruites ? Comme il regrettait de s'être acharné à vouloir, à tout prix, mettre un enfant au monde. En adoptant directement un bébé abandonné, ils auraient pu éviter la souffrance d'Agnès. À présent, il n'avait plus qu'un but en tête : l'aider à retrouver le goût de vivre.

Il prit sa voiture en direction de Rennes. Le soleil qui l'éblouissait à travers le pare-brise brillait enfin sur sa vie. Il allait chercher Agnès à la maison de repos où elle séjournait depuis trois mois. Les médecins avaient décrété qu'elle était guérie. Fini les blouses blanches et l'ambiance aseptisée des lieux médicaux où elle avait passé l'essentiel de son temps, ces dernières années. Antoine avait décidé de l'emmener au bord de la mer. Pendant une semaine, ils n'allaient penser qu'à eux.

Il était très en avance. Pourtant, quand il franchit les portes coulissantes de la clinique, elle l'attendait déjà dans le hall. Quand il aperçut sa silhouette autrefois épanouie, flottant dans ses vêtements désormais trop grands, il eut un pincement au cœur, mais elle lui sourit et il se sentit envahi par une bouffée de bonheur. De ce pauvre sourire qui creusait davantage ses joues pâles, accentuant les ridules autour de ses yeux cernés d'avoir trop pleuré, il ne vit que le rayonnement. Dans son regard qui s'était rallumé, il lut sa détermination. Elle avait enfin vaincu cette dépression qui lui avait ôté toutes ses envies. Ils allaient pouvoir construire ensemble un nouvel avenir.

* * *

Juchée sur les remparts de Saint-Malo, Agnès frissonna sous la brise encore un peu fraîche de cette soirée printanière. Ils avaient flâné toute la journée dans la ville, s'asseyant en terrasse, caressés par le doux soleil d'avril, mangeant des crêpes qu'Agnès, malgré son appétit encore timide, tartinait de miel avec gourmandise. Alors qu'Antoine pensait qu'elle allait s'écrouler sur le lit en rentrant, elle avait voulu ressortir. Il avait cédé : elle avait passé assez de temps couchée.

Les promeneurs étaient rares en cette saison. Les fenêtres éclairées des maisons en pierre étaient le seul signe d'une présence humaine dans la ville. Un peu étourdie par le grand air dont elle avait été privée, Agnès se tint au parapet pour se pencher vers l'étendue noire, striée par l'écume des vagues qui se fracassaient dessus dans un vacarme assourdissant. Au bout de la jetée, le phare balayait l'horizon de son rai de lumière. Agnès huma l'air marin dont le parfum iodé avait toujours été son antidote contre le spleen. Dans l'obscurité, Antoine ne distinguait pas ses traits, mais il sentit que la femme qu'il aimait plus que tout au monde et qu'il avait vue descendre au fond du trou était en train de renaître.

17

ISABELLE AVAIT TOUJOURS FONCTIONNÉ À L'INSTINCT et là, son intuition lui disait de partir. L'homme fragile qui se cachait sous sa carapace de businessman et qu'elle avait écouté, épaulé, protégé, ne l'émouvait plus. Elle était lasse. Lasse de lui chercher des excuses, lasse de son manque d'empathie envers elle, lasse de leur relation à sens unique. Andrew croyait l'aimer mais, en réalité, il était amoureux d'une icône. La véritable Isabelle, celle qui vivait, qui vibrait près de lui avec ses joies, ses peines et ses angoisses, il ne la connaissait pas. Indifférent à ses états d'âme, il la croyait d'une solidité à toute épreuve parce que ça l'arrangeait. Il ne savait rien de son passé, dont il ne s'était jamais enquis. Fille unique de parents âgés qui l'avaient surprotégée, Isabelle avait eu une enfance solitaire et elle avait dû attendre sa majorité pour découvrir la vie. C'était le concours d'hôtesse de l'air, où elle s'était présentée en cachette de sa famille, qui lui avait ouvert les portes de la liberté, cette liberté que Andrew lui reprenait petit à petit. Elle avait déjà fait le sacrifice de son métier, elle ne s'escrimerait pas à tenter de tomber enceinte à tout prix, pour le seul plaisir de son ami, avec le risque de sombrer dans la dépression si elle échouait.

Isabelle rassembla ses effets qu'elle entassa dans sa voiture. Quatre années de vie commune réduites à deux valises. Elle déposa un mot sur la table de la salle à manger. Elle avait un peu honte d'agir si lâchement mais elle voulait éviter la confrontation. Bien que sa décision fût irréversible, elle avait peur de se laisser attendrir par les supplications de Andrew.

Depuis qu'elle avait fermé la porte, ses larmes ne cessaient de couler. Son amie Corinne allait l'accueillir, le temps qu'elle se trouve un nouveau logement. Elle était restée fidèle à leur amitié, même après qu'Isabelle avait changé de voie professionnelle. Isabelle ne lui avait pas dit pourquoi elle quittait Andrew. Corinne avait respecté sa décision sans lui poser de questions et, devant sa détresse, elle lui avait tout naturellement proposé de l'héberger dans sa petite maison récemment construite dans un de ces lotissements au milieu des champs qui avaient fleuri autour de Paris ces dernières années.

Isabelle gara sa voiture devant le portail et s'engagea sur le chemin boueux qui menait chez son amie, en prenant garde à ne pas abîmer ses talons. Après un avant-goût printanier, les températures de ce mois d'avril avaient chuté à nouveau et l'humidité lui transperçait les os. Elle entra dans la maison joliment décorée où le feu de cheminée dégageait une douce chaleur et s'effondra dans les bras de son amie.

Si Corinne était désolée de sa peine, elle était ravie d'avoir la présence d'une adulte à ses côtés. Elle n'avait jamais voulu vivre avec un homme, et sa solitude, que Stéphane, avec ses préoccupations de petit garçon de neuf ans, ne parvenait pas à combler, lui pesait parfois. Elle l'accueillit en ces termes :

— Tu es ici chez toi. Tu pourras rester dans la chambre d'amis le temps que tu voudras.

Corinne partit embrasser Stéphane dans son lit. Assise sur le canapé, le regard vague devant les flammes orangées qui faisaient crépiter les bûches, Isabelle était perdue dans ses pensées quand elle reconnut les premières mesures de

« Take The Long Way Home ». Corinne venait de mettre ce disque de Supertramp et Isabelle se revit sur la route de Normandie avec Andrew, à l'époque des jours heureux. Un énorme sentiment de gâchis l'envahit et elle sentit à nouveau ses yeux se mouiller. Corinne, venue s'asseoir près d'elle, remarqua son trouble et attendit les confidences qui ne tardèrent pas à venir.

— Tu te souviens quand je l'ai rencontré ? J'étais sûre d'avoir trouvé l'homme de ma vie. Eh bien, je me suis trompée, dit Isabelle d'une voix étranglée.

— Qu'est-ce qui s'est passé ?

Isabelle haussa les épaules.

— J'ai quitté le navire avant qu'on sombre tous les deux. On n'était pas sur la même longueur d'onde. Tu vois, toi, on t'a quittée parce que tu attendais un enfant, moi je pars parce que je ne peux pas en avoir.

— Tu ne veux quand même pas dire qu'il t'a posé un ultimatum ?

— Non. Enfin, pas encore. Pour l'instant, il est dans le déni. Il refuse d'admettre l'éventualité que je ne tombe jamais enceinte. C'est devenu une véritable obsession pour lui. Pourtant, tous les médecins me l'ont dit, il y a vraiment très peu de chances pour que ça marche, malgré des traitements extrêmement lourds. Il a piqué une crise quand j'ai voulu aborder le sujet de l'adoption. Je ne pouvais plus vivre avec cette épée de Damoclès au-dessus de ma tête en me disant qu'il me quitterait tôt ou tard, en se rendant compte que je ne peux pas lui donner l'enfant qu'il désire. C'est pour ça que j'ai préféré prendre les devants.

— Surtout que, si je me souviens bien, toi, tu ne voulais pas d'enfants ?

— Je crois que maintenant, j'aurais été prête. Seulement, la nature ne m'en a pas donné la possibilité et moi, je n'aime pas forcer les choses. Surtout depuis que j'ai eu l'occasion de m'occuper des bébés adoptés. Je me suis rendu compte de la détresse de ces enfants et j'avais vraiment envie de me tourner vers la solution de l'adoption. Maintenant que je suis à nouveau célibataire, il n'en est plus question. Quand je pense que j'ai quitté le Concorde pour en arriver là ! ajouta-t-elle en soupirant.

— Pour le Concorde, tu n'as plus grand-chose à regretter, fit Corinne d'un air maussade. Ton nouveau boulot est beaucoup plus varié. Nous, c'est devenu la routine. Paris-New York, départ à 11 heures, retour à 23 h 30 le lendemain. Plus rien à voir avec ce qu'on a connu.

— Oui, enfin quand même, aller à New York en 3 h 30, c'est pas trop mal comme routine, répondit Isabelle en souriant, et puis cet avion me fascine tellement que je ne m'en serais jamais lassée.

* * *

Isabelle ouvrit l'armoire de la chambre d'amis et vit, attendrie, que Corinne lui avait fait une place pour ranger ses affaires. Malgré l'insistance de son amie pour qu'elle reste chez elle, Isabelle n'avait pas l'intention de s'y installer trop longtemps. Dès le lendemain, elle commencerait à éplucher les petites annonces.

En se glissant dans les draps froids, elle constata qu'elle n'avait plus dormi seule depuis deux ans. Les heures passèrent et elle s'agitait dans son lit sans pouvoir trouver le sommeil. Hantée par le remords, elle se demanda comment Andrew avait réagi en trouvant son appartement vide.

18

LORSQUE ANDREW RENTRA CE SOIR-LÀ, l'absence d'Isabelle ne le surprit pas. Elle avait pourtant essayé de lui expliquer son rythme de travail, mais depuis qu'elle était en horaires décalés, il ne se souvenait jamais à quelle heure elle terminait. Il prit sa douche et alla s'habiller tranquillement dans la chambre. Quand il ouvrit le placard, son cœur faillit s'arrêter. Toutes les étagères sur lesquelles Isabelle rangeait ses affaires étaient vides. Affolé, il regarda dans la penderie. Il poussa un à un tous les cintres où étaient pendus leurs vêtements. Rien, il n'y avait plus rien qui appartînt à Isabelle. Il se précipita dans la salle de bains et constata que tous ses produits de beauté avaient disparu également. Abasourdi, il dut se rendre à l'évidence. Celle qu'il considérait comme la femme de sa vie, celle qu'il avait choisie pour mettre son enfant au monde, était partie.

Comment avait-elle pu lui faire ça ? Le laisser tomber du jour au lendemain, après quatre ans de vie commune, sans même l'avoir prévenu de son départ, sans aucune explication ? Les larmes qui jaillirent de ses yeux furent d'abord des larmes de rage, mais, lorsqu'il se laissa glisser au sol, le poids qu'il sentait sur sa poitrine était celui du désespoir.

Quand, frigorifié, il finit par se lever, il ne savait pas combien de temps il était resté immobile sur le parquet. Il traîna son corps endolori jusqu'à la salle de séjour. Une feuille sur la table de la salle à manger, qu'il n'avait pas remarquée en entrant, attira son attention. Son cœur s'affola lorsqu'il reconnut l'écriture d'Isabelle. Avec une bouffée d'espoir, il prit la lettre et lut :

Cher Andrew,

Quand tu liras cette lettre, je serai partie. Je n'ai jamais aimé les adieux. J'ai pris la décision qui me semblait la plus sage pour nous deux. Je crains de ne jamais pouvoir t'offrir ce que tu désires, alors avant qu'on se déchire pour de bon, je préfère m'effacer. Je te souhaite de rencontrer celle avec qui tu auras les enfants que je ne peux pas te donner.
Ne cherche pas à me revoir. J'ai pris toutes mes affaires.
Prends soin de toi.

Isabelle

Abasourdi, Andrew lut et relut ces quelques phrases, serrant le papier entre ses doigts. Il n'était plus rien. Une poupée de chiffon échouée sur le canapé. Dans sa tête, il entendait Isabelle prononcer chacun des mots qu'elle avait écrits et une phrase lui martelait le crâne : « Ne cherche pas à me revoir. » Lui demander une chose pareille était comme le condamner à mort. Il aurait voulu la revoir, juste une dernière fois, sentir sa peau, caresser ses cheveux, la respirer. Il aurait voulu qu'elle lui laisse une dernière chance. Mais elle l'avait abandonné et, autour de lui, c'était le néant.

19

ISABELLE AVAIT CÉDÉ AUX INSTANCES de Corinne et s'était installée plus longtemps que prévu chez elle. Elle devait reconnaître que la perspective de se retrouver au dixième étage d'une tour à Sevran ne la tentait pas particulièrement et qu'elle n'avait rien trouvé de plus attrayant pour le moment. De plus, les beaux jours arrivant, la citadine s'était bien volontiers accommodée des avantages de la campagne et les bains de soleil dans le jardin avaient remplacé sans regrets les cafés sur les terrasses parisiennes. En contrepartie, elle essayait de rendre service du mieux qu'elle pouvait à son amie, notamment auprès de son fils. Stéphane était un petit garçon très accommodant et attachant, avec qui Isabelle, malgré sa faible expérience des enfants, s'était aussitôt sentie à l'aise. Il en avait assez d'aller dormir chez sa nounou ; aussi, il était ravi que la présence d'Isabelle lui permette de coucher dans son lit. Jusqu'à présent, leurs plannings s'étaient parfaitement accordés et Isabelle avait toujours pu remplacer Corinne auprès de son fils, mais, pour la première fois, un lever trop matinal le lendemain obligea Isabelle à le laisser chez sa « tata » pour la nuit.

À neuf ans, Stéphane était déjà très dégourdi et ce fut lui qui indiqua à Isabelle le chemin pour se rendre chez celle qui, depuis sa naissance, secondait sa mère. Quittant la nationale, ils s'engagèrent sur une petite route. Le paysage extra-plat des champs de maïs qui entouraient le lotissement de Corinne se modifia peu à peu pour faire place à une campagne vallonnée au milieu de laquelle nichait le village où résidait Maryvonne, une unique rue bordée de chaque côté par d'anciennes maisons en pierre. Isabelle fut immédiatement séduite par l'authenticité de cet endroit qui comprenait encore une ferme en cours d'activité, comme l'indiquaient les tracteurs garés sous le hangar. À dix minutes à peine de chez Corinne et à trente minutes de Paris, Isabelle se trouvait en pleine campagne.

Saisissant Stéphane d'une main et ses affaires de l'autre, elle sonna au grand portail en bois de la maison de la nourrice. Une dame tout en sourires vint les accueillir et, à la façon dont elle serra Stéphane dans ses bras, Isabelle devina l'affection qui les liait depuis sa naissance. Vêtue d'une blouse imprimée comme seules les personnes âgées en portaient encore, elle ne devait pourtant pas avoir plus de cinquante ans. Ses cheveux bouclés étaient déjà parsemés de mèches grisonnantes. Très avenante, elle fit entrer Isabelle dans une grande pièce dans laquelle un monsieur, probablement son mari, était assis devant la télé ; il lui adressa un bref signe de la tête avant de se replonger dans son programme. À cette heure avancée de la soirée, Stéphane était le seul pensionnaire, ou presque, si l'on comptait les nombreux chats couchés çà et là. L'un d'eux avait déjà pris place sur sa couette.

Le lendemain, en fin d'après-midi, Isabelle revint chez Maryvonne pour récupérer Stéphane. Elle entra dans la pièce principale encombrée par un parc dans lequel deux bébés se disputaient un lapin en peluche en poussant des cris. Mi-effrayée, mi-subjuguée, elle découvrit une scène presque surréaliste pour la petite fille solitaire qu'elle avait été. Il y avait des enfants partout. Certains assis par terre suivaient les aventures de l'inspecteur Gadget à la télévision tandis que d'autres, dont Stéphane, tentaient de faire leurs devoirs sur la toile cirée encore collante de la confiture maison du goûter. Devant ce fouillis, elle repensa au silence de son enfance, que seul le balancement régulier de la grosse horloge du salon venait troubler, et à l'appartement bien rangé dans lequel sa mère traquait le moindre grain de poussière sur les meubles.

* * *

Chaque jour, lorsqu'elle consultait son planning, Isabelle se surprenait à souhaiter qu'on l'ait programmée sur une arrivée en provenance d'Asie ou d'Amérique du Sud. C'était sur ces vols que se trouvaient les bébés adoptés. Elle qui craignait tant les cris des enfants à bord, et qui, sur le Concorde, avait été soulagée d'en être « débarrassée », se rendit compte à quel point elle avait changé. Aujourd'hui, elle aimait sécher leurs pleurs et s'émouvait de sentir leurs petits corps chauds se lover contre elle, de respirer leur odeur. C'était une sensation totalement nouvelle. Jamais sa mère ni son père ne l'avaient prise dans leurs bras. Elle avait une certaine retenue, une pudeur qui l'empêchait de toucher les gens. Mais si ces échanges l'emplissaient de joie sur le moment, elle ressentait ensuite une énorme frustration : elle savait qu'elle ne serait jamais mère. Elle en voulait terriblement à Andrew d'avoir éveillé en elle un désir dont elle s'était jusque-là fort bien passée, avant de la laisser au bord du chemin avec son trop-plein d'émotions.

* * *

Andrew ne croyait plus à l'amour. Après plusieurs jours d'hébétude, il avait décidé de relever la tête et repris le chemin de son bureau dans un tout autre état d'esprit. Il voulait tirer un trait sur son expérience malheureuse de couple. Andrew, le gentleman timide avec les femmes, n'existait plus. Place au tombeur. Sa courtoisie et sa bonne éducation l'avaient jusqu'ici empêché de profiter du succès de son physique de jeune premier, mais à présent il ne se gênait plus.

Il multiplia les conquêtes. Rencontrées dans les bars, dans des boîtes où il ne mettait autrefois jamais les pieds et où il avait désormais ses habitudes, des femmes furent de passage dans sa vie pour une nuit, parfois deux, rarement plus. Les parfums capiteux des demoiselles qui se succédèrent dans son lit absorbèrent les fragrances d'Isabelle, mais malgré ses efforts, les visages qui défilaient et les corps de rêve qu'il découvrait ne parvenaient pas à la remplacer. Alors, aidé par le whisky dont il commençait à abuser, il continua, jusqu'à s'en étourdir.

20

ISABELLE DÉPOSA STÉPHANE CHEZ SA NOUNOU. Elle remontait la rue principale du village pour reprendre sa voiture quand elle vit un panneau à l'entrée d'une cour, indiquant la mention : « À louer ». Elle se plaisait bien chez son amie, mais elle aurait aimé malgré tout reprendre son indépendance. Pourquoi ne pas changer totalement de vie en s'installant à la campagne ? Après un instant d'hésitation, elle se décida à entrer dans la cour et frappa au carreau d'une bâtisse en pierre.

Elle constata, amusée, que la dame qui l'accueillit portait le même style de blouse que Maryvonne. La maisonnette qu'elle lui fit visiter avait besoin d'un bon rafraîchissement mais Isabelle fut subjuguée par l'immense cheminée qui se trouvait dans la pièce principale. Le feu faisait partie des phobies de sa mère qui avait banni la moindre boîte d'allumettes de la maison et l'idée de pouvoir faire des flambées chez elle lui apparut comme une revanche.

Un mois plus tard, après avoir barbouillé ses murs de blanc pour lui donner un coup de jeune, Isabelle emménagea dans la petite maison.

* * *

Son arrivée fut l'attraction du village. À Paris, elle passait totalement inaperçue. Ici, en voyant les rideaux se soulever subrepticement sur son passage, elle eut d'abord le désagréable sentiment d'être espionnée, mais elle comprit rapidement que, si elle voulait être bien acceptée, il fallait qu'elle enlève son étiquette de Parisienne hautaine, et ce fut elle qui alla vers les habitants.

À présent, elle les connaissait tous, les paysans comme les anciens citadins venus eux aussi se mettre au vert. À Paris, elle ignorait jusqu'à l'identité de ses voisins qui ne la gratifiaient d'un bonjour que lorsqu'ils se trouvaient face à elle et qu'ils ne pouvaient pas l'éviter. Ici, ils passaient chez elle à l'improviste pour boire un café et parler de la pluie et du beau temps. Isabelle regrettait que l'été soit déjà fini. La météo, particulièrement clémente cette année, leur avait permis de multiplier les repas champêtres auxquels elle avait été spontanément conviée. Maryvonne et son mari étaient toujours présents dans ces rassemblements mêlant toutes les générations.

Mais, à présent, la fête était terminée. Depuis quelques jours, la température avait chuté et les habitants avaient déserté les rues pour se confiner chez eux, laissant Isabelle retourner à sa solitude. Les premiers brouillards matinaux rendaient lugubre ce village qu'elle avait d'abord trouvé si chaleureux. Frissonnante, elle se dit que le moment était venu d'utiliser la cheminée. Elle se souvint qu'en prévision de l'hiver, elle avait acheté du bois au propriétaire et qu'il l'avait laissé à sa disposition dans un appentis derrière la maison. Stimulée par l'idée d'un bon feu, elle décida d'aller y chercher quelques bûches.

Elle s'avança sur le chemin dont la boue avait été recouverte en quelques jours par les feuilles mortes et entra dans l'appentis, qui faisait aussi office de débarras. De vieux meubles et divers objets y avaient été entreposés, protégés par une bâche. En traversant la pièce pour atteindre le tas de bois qui lui était réservé, elle remarqua, sous un plastique transparent, une ancienne voiture d'enfant. Elle était identique à celle dans laquelle on l'avait promenée bébé et de douloureux souvenirs lui revinrent en mémoire.

Elle revit Margot, sa poupée chérie, sa seule confidente, celle qui partageait ses moments de solitude et séchait ses pleurs, cette poupée qu'on lui avait arrachée. Le seul jour de sa vie où elle avait osé désobéir. Elle devait avoir huit ans et s'ennuyait tellement. Ses parents ne recevaient jamais personne et elle n'avait pas le droit d'aller jouer seule dehors. Sa mère avait sans arrêt peur qu'il lui arrive quelque chose. Elle l'entendait encore lui dire : « On ne sait jamais… » Le mercredi, elle devait rester enfermée dans sa chambre tandis que sa mère vaquait à ses occupations dans la maison. Ce jour-là, sa mère s'était endormie. Isabelle n'avait pu résister à la tentation d'aller dans le garage, qui lui était interdit mais où se trouvait, elle le savait, un vrai landau de bébé ; le sien quand elle était petite. Elle avait osé y coucher son inséparable poupée. Elle s'était ainsi amusée un bon moment jusqu'à ce que sa mère, folle de rage et d'inquiétude après l'avoir cherchée partout, fasse irruption dans le garage et lui confisque Margot. La sanction avait porté ses fruits : Isabelle n'avait plus enfreint les règlements.

Elle soupira en se remémorant tous les interdits dont avait été parsemée sa vie d'enfant et plus tard d'adolescente. Petite, elle pensait que c'était normal, mais en grandissant, elle s'était rapidement rendu compte qu'elle n'était pas élevée de la même façon que ses camarades de classe. Ses parents, beaucoup plus âgés, étaient toujours inquiets, surtout sa mère. Depuis qu'elle avait quitté leur domicile, elle était rarement retournée les voir dans leur petite ville de Mayenne. Elle se contentait d'un bref coup de fil de temps en temps pour s'assurer que tout allait bien. Elle ne s'était jamais demandé pourquoi ils l'avaient eue si tard.

Qui sait si sa mère n'avait pas rencontré les mêmes difficultés qu'elle à tomber enceinte ? Elle aurait aimé pouvoir aborder le sujet avec elle, partager son expérience, mais elle savait que c'était peine perdue. Chez ses parents, on ne parlait pas de ces choses-là.

21

CAROLE S'APPROCHA DU BAR pour demander un verre d'eau et son cœur s'accéléra. Il était revenu. Accoudé sur le zinc, il buvait son whisky sans un regard pour elle, mais cette fois, il avait l'air seul. Au comble de l'excitation, Carole retourna sur la piste où elle était venue se trémousser comme tous les samedis soir et chuchota à l'oreille de son amie :

— Il est là.

Stéphanie s'arrêta de danser :

— Tu lui as parlé ?

— Tu rigoles, il m'a même pas remarquée, déplora Carole en haussant les épaules.

— On attend les slows et tu passes près de lui à ce moment-là avec ton regard-qui-tue. Je parie qu'il va t'inviter.

Les deux copines se regardèrent d'un air complice et gloussèrent en même temps. Lycéennes toutes les deux, elles avaient des parents très permissifs qui les autorisaient à sortir en boîte tous les samedis jusqu'à la fermeture et à rentrer par le premier métro. Carole était une jolie brune aux yeux pervenche qui avait beaucoup de succès et son amie Stéphanie était en adoration devant elle. Si les deux copines avaient l'habitude de se défouler toute la nuit sur la piste de danse, leurs relations avec les garçons se limitaient à quelques baisers à l'issue d'un slow langoureux. Carole avait l'habitude de les faire marcher, surtout ceux de son lycée qu'elle trouvait trop immatures. Mais elle se consumait d'amour pour ce bel homme qui ressemblait à James Bond. Elle l'avait déjà vu à plusieurs reprises, toujours accompagné des plus jolies femmes, comme 007. Aujourd'hui, la voie était libre. Stéphanie avait raison, c'était le moment de tenter sa chance.

Andrew commanda son troisième whisky. Il commençait à regretter d'être venu dans cette boîte où il se morfondait encore plus que s'il était resté sur son canapé. La série de slows qui venait de débuter lui fichait le cafard. Il observa, d'un air morne, le manège des hommes qui, tels des chasseurs à l'affût, choisissaient la fille à qui ils allaient proposer une danse collé-serré et plus si affinités, pour se rabattre, en cas de refus, sur une autre moins jolie qui, elle, accepterait en rougissant, flattée qu'on s'intéresse enfin à elle. Il n'avait plus envie de se prêter à ce jeu.

Désabusé, il allait partir quand il sentit des yeux braqués sur lui. Sous la lumière des spots, il n'aurait su dire s'ils étaient bleus ou mauves, mais l'éclat qu'ils lançaient était déterminé, presque insolent.

* * *

Carole rabattit le drap sur son corps nu. Elle avait envie de pleurer. Ce n'était pas comme ça qu'elle avait imaginé sa première fois. Son James Bond ne lui avait pas dit trois mots. Il ne lui avait même pas demandé son prénom. Il avait dû la prendre pour une fille facile. Pourtant, c'était par amour qu'elle s'était offerte à lui. Elle était tellement heureuse qu'il l'ait invitée à danser. Elle n'avait rien compris à ce qui lui arrivait. D'habitude, lorsque son partenaire lui plaisait, elle se laissait aller dans ses bras, sans pour autant autoriser de gestes déplacés. Là, elle s'était totalement abandonnée, l'encourageant dans ses caresses, envahie par un feu qu'elle n'avait jamais connu. La série de slows terminée, elle s'était retrouvée pantelante, comme si elle sortait d'un rêve inachevé. Envoûtée, abandonnant son amie, elle l'avait suivi jusqu'au taxi dans lequel ils s'étaient engouffrés tous les deux. Il n'avait pas cessé de l'embrasser pendant le trajet, et elle avait laissé ses mains l'explorer, gémissant sans pudeur devant le chauffeur.

Il revint vers le lit. Elle n'avait jamais vu un homme nu et se sentit un peu gênée. Elle aurait aimé qu'il la prenne dans ses bras mais il alluma une cigarette. Il avait dû voir son air déçu, car il l'écrasa aussitôt dans le cendrier et reprit ses caresses, si douces qu'elles la transportèrent à nouveau. Ses lèvres avaient le goût du tabac et du whisky. C'était un homme, un vrai, pas comme les adolescents de son âge. Cette fois, plus de douleur lorsqu'il la pénétra, mais une onde qui lui parcourut tout le corps et qui lui fit crier son plaisir. Ils firent l'amour jusqu'au petit matin, sans parler. Carole, si bavarde habituellement, était muette. Elle était subjuguée par son héros.

Elle repartit la tête dans les étoiles et se demanda comment elle avait fait pour arriver chez elle. Comme chaque dimanche matin, elle se glissa sous les draps avant que ses parents ne se lèvent, pour profiter des quelques heures de sommeil qui lui restaient. Car si elle était autorisée à sortir toute la nuit, sa présence au repas dominical était incontournable. Elle s'endormit aussitôt, pressée de retrouver son amour dans ses rêves.

Des coups frappés à la porte de sa chambre la réveillèrent. Les images de sa nuit lui revinrent et la Carole qui se leva n'était plus la même que la veille. La douche ne suffit pas à effacer les empreintes de celui qui avait fait d'elle une femme et qui faisait s'emballer son cœur quand elle repensait à lui. Il l'avait laissée s'en aller après l'avoir embrassée tendrement. Elle avait juste eu le temps de retenir son nom, gravé sur sa porte. Andrew Thomson. Il ne lui avait toujours rien dit mais, la prochaine fois, elle ne serait plus timide et c'est elle qui parlerait. Carole savait que la semaine de cours allait être longue et elle comptait déjà les jours qui la séparaient du samedi suivant, où elle le retrouverait en boîte.

* * *

Andrew, enfin dégrisé, prit conscience de l'extrême jeunesse de sa dernière conquête. Quel âge pouvait-elle avoir ? Une vingtaine d'années, tout au plus. Il ne se souvenait pas s'il lui avait demandé son numéro de téléphone mais, même si elle était très jolie, il n'avait pas l'intention de la revoir. Elle habitait certainement encore chez ses parents et il n'avait pas envie d'avoir des ennuis. « Les gamines sont de plus en plus délurées aujourd'hui, se dit-il, il va falloir que je me méfie à l'avenir. »

En faisant le lit, il s'arrêta sur une tache rouge. Il retira les draps souillés et les porta dans la salle de bains en grommelant qu'elle aurait pu le prévenir qu'elle avait ses règles. À travers les brumes d'alcool qui finissaient de se dissiper, la silhouette pudique, timide, un peu maladroite de la jeune fille apparut dans sa mémoire, et soudain il comprit qu'elle était vierge. Il resta un moment interloqué, un goût de bile dans la bouche. Comment avait-il pu agir ainsi. Le reflet qu'il aperçut dans le miroir lui renvoya son regard vitreux. Les poches qui commençaient à se former sous ses yeux, son teint cireux, tout lui fit brusquement horreur. Secoué par des spasmes, il se pencha sur les toilettes et se mit à vomir, encore et encore, comme pour se débarrasser de tous les miasmes qui s'étaient accumulés en lui pendant ces derniers mois.

22

CAROLE SE MAQUILLA AVEC SOIN et se contempla dans la glace, satisfaite du résultat. Elle se sentait particulièrement belle ce soir. Sa mère, qui l'observait du coin de l'œil, mi-attendrie, mi-amusée, avait compris que sa fille était amoureuse. Elle était loin d'imaginer que l'élu de son cœur était un homme de presque quarante ans.

Pour ne pas que Stéphanie se retrouve seule comme la dernière fois, les deux amies avaient convié une troisième copine. Sur le chemin, Carole les écoutait d'une oreille distraite et ne parvenait pas à rire avec elles. Son cœur s'accéléra à la vue de l'enseigne lumineuse de la discothèque et se mit à battre la chamade sitôt qu'elle passa la porte. Elle avait perdu sa belle assurance et désormais elle avait le trac. Oserait-elle lui parler ce soir ? Tout en scrutant l'obscurité que les spots perçaient par intermittence, elle alla rejoindre ses amies sur la banquette où elles avaient pris place. Son prince charmant n'était pas encore arrivé.

Les heures passèrent et Carole laissa ses amies danser sans elle. Elle avait, au fond du cœur, une sensation de vide. Il n'était pas venu. Elle essaya de se consoler en se disant qu'il avait certainement eu un empêchement et qu'il n'avait pas pu la prévenir puisqu'elle ne lui avait pas laissé son numéro de téléphone. Elle n'aurait plus qu'une semaine à attendre avant le samedi suivant.

* * *

Andrew ouvrit les yeux. L'étau dans lequel sa tête était prisonnière depuis trois jours s'était relâché. L'écœurement qui lui avait vidé les entrailles semblait l'avoir quitté et il avait presque faim. Le médecin avait diagnostiqué une gastro-entérite et l'avait arrêté une semaine, mais Andrew savait que son état n'était pas dû à un virus. Ignorant son image dans le miroir pour ne pas faire ressurgir ce dégoût de lui-même qui l'avait anéanti, il se glissa sous la douche. L'eau ruissela sur son corps, le sortant peu à peu de sa léthargie et il se sentit soudain plus léger. Sa dernière aventure avait été de trop, et sa prise de conscience un véritable électrochoc. Ses frasques n'avaient pas réussi à cautériser la plaie de son cœur, elles avaient seulement contribué à lui faire perdre son estime de soi. Il tenta un timide coup d'œil dans la glace. Son air arrogant avait disparu. Le véritable Andrew était en train de refaire surface, mais il subsistait une lueur d'égarement dans ses yeux. C'est alors qu'il pensa à sa cousine Armelle, celle par qui tout avait commencé. Elle seule pourrait le comprendre et le remettre sur la bonne voie.

* * *

Le train entra en gare de Bayeux et Andrew sentit un pincement au cœur en revenant dans cette ville si lourde de souvenirs. Il aperçut Armelle qui l'attendait dans sa voiture et ne reconnut pas ses deux fils à l'arrière tant ils avaient changé. Il fit un rapide calcul. Il s'était écoulé plus de trois ans depuis sa venue ici et il constata, honteux, qu'il n'avait pas donné beaucoup de nouvelles.

Armelle accueillit son cousin avec la même chaleur que la première fois. Son appel désemparé l'avait touchée et elle allait faire de son mieux pour l'aider. Ils avaient aménagé une chambre supplémentaire sous les combles, afin que les garçons aient chacun la leur, mais les deux frères n'avaient pas voulu se séparer. La pièce était donc restée à la disposition des visiteurs de passage, ce qui permit à Andrew de s'y installer sans déranger ses cousins, cette fois.

Les enfants étaient déjà à l'école quand Andrew descendit dans la cuisine. Il avait très mal dormi. Armelle lui servit un café fumant et s'installa en face de lui. Les tâches ménagères attendraient ; elle allait consacrer son jour de congé à son cousin. Elle le regarda tourner inlassablement sa cuiller dans sa tasse et attendit qu'il se décide à lui parler. Après avoir avalé une gorgée brûlante, sans oser lever les yeux vers elle, il commença :

— Isabelle m'a quitté il y a six mois.

Armelle était restée en contact avec Isabelle qui l'appelait souvent et elle était parfaitement au courant de la situation. Elle se garda bien d'en parler à Andrew dont elle attendit la version des faits pour se faire sa propre opinion.

— Un soir, je suis rentré et j'ai vu qu'elle avait pris toutes ses affaires. Elle était partie sans me prévenir. Elle avait juste laissé une lettre sur la table. Je ne l'ai jamais revue. J'ai cru que le monde s'écroulait et que je n'allais jamais m'en remettre. Alors, je me suis mis à sortir et à coucher avec des filles que je ramenais à la maison. Je pensais que les faire dormir dans notre lit m'aiderait à oublier Isabelle, mais c'était encore pire. Pourtant j'ai continué jusqu'à ce que je prenne conscience que j'étais vraiment allé trop loin. Je buvais beaucoup et j'ai fini par me faire horreur.

Il lui raconta sa dernière aventure et lut la réprobation sur le visage d'Armelle, qui garda le silence.

— Avec le recul, poursuivit-il, j'ai compris que je m'étais vengé sur ces filles de l'humiliation qu'elle m'avait fait subir en m'abandonnant comme ça, sans rien dire. Maintenant ma colère est passée mais je ne peux pas m'empêcher de lui en vouloir. Je suis complètement perdu. Je suis désolé d'être venu t'ennuyer avec mes histoires, mais je n'ai personne en France. Tu es ma seule famille. En plus, tu as été le témoin de nos moments les plus forts.

— Tu as bien fait de venir me voir. Tu n'as pas à t'excuser, au contraire, ta confiance me touche énormément. Tu es le frère qui m'a toujours manqué. J'ai vraiment envie de t'aider à t'en sortir, Andrew.

— Merci, Armelle. Mais tu sais, il y a du boulot, je suis un mec un peu tordu.

— Tu as des circonstances atténuantes, je crois, mais je ne suis pas psy non plus, ajouta-t-elle sur le ton de la plaisanterie. Je vais faire ce que je pourrai.

— Moi j'ai eu des frères, mais pas de sœurs. Auprès d'Isabelle, je me suis rendu compte que je n'y connaissais rien aux femmes. Ma mère était si pudique. Je ne me souviens pas qu'elle m'ait parlé une seule fois de la façon dont naissaient les enfants. Si je n'avais pas eu les copains pour m'instruire, je m'imaginerais encore qu'ils sont apportés par les cigognes, dit-il en riant.

Heureuse de voir son cousin se dérider enfin, Armelle rit avec lui.

— Tu sais maintenant pourquoi ta mère ne t'a rien dit sur son passé, lui fit-elle remarquer en reprenant son sérieux. Son secret a dû être lourd à garder.

— On en a parlé quand je suis allé la voir. Oui, elle a beaucoup souffert. Elle a conservé un sentiment d'abandon. J'ai compris que j'avais été dur avec elle, mais on s'est expliqués et je pense qu'elle m'a pardonné. C'est quand même bizarre, la vie, ajouta-t-il avec un soupir.

— Pourquoi dis-tu ça ?

— Je voulais être fier de voir ma femme porter notre enfant. Peut-être un peu pour réparer l'affront qui avait été fait à ma mère. Ça n'a pas marché… Au contraire, on dirait bien que c'est ce qui a détruit notre couple.

— Tu voulais un enfant, mais est-ce que tu es sûr que c'était aussi le souhait d'Isabelle ? Elle ne m'avait pas spécialement semblée attirée par eux quand elle est venue à la maison.

Andrew se rembrunit. Il repensa à la réaction de sa compagne la première fois qu'il avait abordé le sujet.

— Effectivement, elle n'était pas emballée, au début. Mais je lui ai laissé le temps de se faire à l'idée. Elle a même décidé de se reclasser au sol pour mettre toutes les chances de son côté. Son métier comptait beaucoup pour elle. Ça prouve sa motivation, quand même !

— Tu n'as jamais pensé qu'elle faisait ce sacrifice uniquement par amour pour toi ?

Andrew regarda Armelle fixement, comme si elle avait dit une énormité.

— Elle l'a fait par amour pour nous. Ce projet d'enfant, c'était aussi le sien.

— Elle avait des problèmes d'infertilité, elle m'en a parlé un jour. Ça n'a pas dû être facile pour elle.

— Comment ça, elle t'en a parlé ? Je vois bien que tu n'arrêtes pas de prendre sa défense. Tu es de son côté, c'est ça ?

— Je ne défends personne, Andrew. Je veux juste t'aider à ouvrir les yeux et à prendre conscience de certaines choses. Je sais que le combat d'une femme pour avoir un enfant, lorsque la nature s'y oppose, est très difficile. Elle a besoin de soutien. Tu l'as accompagnée quelquefois à ses visites ?

— Non, jamais. Tu sais, avec les responsabilités que j'ai à la boîte, j'ai beaucoup de mal à me libérer.

— En fait, ses chances de tomber enceinte étaient très faibles, poursuivit Armelle sans relever son excuse. Elle te l'avait dit ?

— Oui elle m'en avait parlé, mais je me rends compte maintenant que je n'ai jamais voulu l'entendre. J'étais obnubilé par ce désir d'enfant, tu ne peux pas imaginer à quel point. Je repérais toutes les femmes enceintes et comme par hasard, il y en avait partout.

— Et plus maintenant ? demanda Armelle avec un petit sourire moqueur.

Alerté par sa question et par le ton qu'elle avait employé en la posant, Andrew regarda attentivement sa cousine.

Son regard se posa sur ses seins imposants moulés dans son pull et descendit sur le renflement de son ventre. Il n'avait pas fait attention à la transformation de son corps, elle qu'il avait connue particulièrement menue. Stupéfait, il éclata de rire :

— Ça alors ! Je n'avais rien remarqué ! Tu as vu, je vais mieux, hein ? Il y a quelques mois, avec mon obsession, ça ne m'aurait pas échappé. Félicitations ! Je vais avoir un troisième neveu, alors ?

— Cette fois, j'espère bien que ce sera une fille, répliqua Armelle d'un ton enjoué.

Étant donné les circonstances, elle avait un peu redouté d'annoncer la nouvelle à Andrew et elle était soulagée que cela se soit fait sur le ton de la plaisanterie.

— Désolé, je n'ai pas de cousin à lui proposer, lança soudain Andrew, sarcastique.

Armelle sentit l'amertume qui se cachait sous cette remarque et repensa aux craintes d'Isabelle, dont elle se rendait compte à présent qu'elles étaient justifiées. Il n'aurait jamais accepté sa stérilité.

— Mais moi j'espère bien en avoir, des neveux et nièces ! Je te souhaite, du fond de mon cœur, de rencontrer quelqu'un avec qui tu puisses assurer ta descendance.

À ces mots, Andrew sentit sa gorge se serrer. Il chercha son portefeuille dans la poche de sa veste et en sortit un papier plié en huit, qu'il tendit à Armelle en disant d'une voix brisée :

— C'est ce qu'Isabelle m'a écrit. Lis !

Armelle déplia avec précaution la feuille, à moitié déchirée d'avoir été trop manipulée, et lut attentivement la lettre d'adieu d'Isabelle, puis elle la rendit à Andrew, sans un mot. Elle paraissait très émue.

— Alors ? Qu'est-ce que tu en penses ? lui demanda-t-il.

— J'en pense que c'est une belle déclaration d'amour.

Andrew la dévisagea, incrédule.

— *Je crains de ne jamais pouvoir t'offrir ce que tu désires, alors avant qu'on se déchire pour de bon, je préfère m'effacer. Je te souhaite de rencontrer celle avec qui tu auras les enfants que je ne peux pas te donner.* Isabelle cède sa place pour que tu sois heureux, Andrew, tu te rends compte ? expliqua-t-elle, bouleversée, à son cousin qui, aveuglé par sa rancœur, était à mille lieues d'imaginer une chose pareille.

La tête dans les mains, il sentit les larmes lui monter aux yeux, enfin conscient de son égoïsme qui lui avait fait perdre la femme qu'il aimait.

23

LE B747 QUI ALLAIT PARTIR DE BOGOTÁ à destination de Paris était prêt pour l'embarquement. Isabelle attrapa le sac qu'on lui avait remis à l'aéroport. Comme chaque fois, elle vérifia qu'il contenait bien les biberons, le lait et les couches nécessaires au voyage, puis elle cala le bébé sur sa hanche avant de s'engager dans la passerelle. Pendant dix heures, elle allait avoir un enfant pour elle toute seule. S'occuper d'eux à l'arrivée des avions ne lui suffisait plus. Elle avait eu besoin de s'engager davantage. Quelques mois auparavant, elle avait entendu parler d'une association créée par une hôtesse de la compagnie, destinée à effectuer des convoyages d'enfants adoptés à l'étranger. Elle recherchait des bénévoles parmi le personnel qui bénéficiait de billets à bas tarif. Isabelle s'était aussitôt portée volontaire. À présent, elle profitait du moindre de ses jours de congé pour naviguer d'un continent à l'autre et se transformait, le temps d'un voyage, en maman d'adoption. Ces petits bouts de chou abandonnés étaient devenus sa raison de vivre.

Isabelle s'installa à bord. Cette fois, ainsi qu'elle l'avait craint, l'enfant était trop grand pour entrer dans l'un des berceaux mis à disposition et elle allait devoir le tenir sur les genoux pendant tout le vol. La tâche s'annonçait d'autant plus difficile qu'il n'arrêtait pas de pleurer et que ses voisins la foudroyaient du regard. Isabelle aurait pu se justifier, s'excuser en leur expliquant quel était son véritable rôle, se dédouaner en leur disant que cet enfant n'était pas le sien. Au contraire, elle garda le silence, fière qu'on la prenne pour la mère de ce bébé, quitte à subir les soupirs, les grognements et les reproches qui lui parvenaient aux oreilles. Elle repensa, amusée, à toutes les fois où elle-même avait été excédée par les cris d'enfants, et où, comme elle l'entendait actuellement, elle se demandait : « Elle ne peut pas le faire taire ? » À présent, elle savait qu'on ne pouvait pas faire taire un enfant si facilement. Surtout quand on était incapable d'apaiser sa souffrance et de calmer sa peur.

À force de tendresse et de douceur, ou peut-être simplement parce qu'il était épuisé d'avoir trop crié, le petit Juan finit par s'assoupir contre Isabelle. Il était trempé de sueur et, pour ne pas qu'il se refroidisse, elle l'avait recouvert d'une couverture sous laquelle elle se mit à transpirer à son tour. Le bras ankylosé, elle n'osait pas faire un geste de peur de le réveiller et laissa passer le plateau-repas d'un air désolé, sous le regard dubitatif de l'hôtesse. Isabelle regarda le visage enfin détendu du bébé avec tendresse et se dit, un peu agacée, que son ancienne collègue ne comprenait rien aux enfants.

24

AGNÈS AVAIT REPRIS PEU À PEU UNE VIE NORMALE. Elle avait fini par se résigner au fait qu'elle n'enfanterait jamais, mais elle n'avait pas renoncé pour autant à l'idée d'être mère, et la solution de l'adoption s'imposa très rapidement à elle. Antoine se rangea immédiatement à son avis. Lui-même y avait déjà pensé. Mais ils se heurtèrent aussitôt à un obstacle incontournable en France : à quarante-deux ans, ils étaient trop âgés pour qu'on leur confie un nourrisson, par ailleurs de moins en moins nombreux à être abandonnés sur le territoire. Or ils étaient prêts à adopter un bébé mais ne se sentaient pas capables d'accueillir un enfant déjà grand, au passé certainement perturbé. On leur conseilla alors de se tourner vers l'adoption internationale qui, à ce moment-là, n'était soumise à aucun contrôle officiel. Par le biais d'associations implantées dans leur pays d'origine, la France accueillait à tour de bras des bébés essentiellement Coréens ou Sud-Américains, issus d'orphelinats le plus souvent catholiques et gérés par des sœurs. Si l'idée d'arracher l'un de ces enfants à son sombre destin les séduisait, ils étaient malgré tout un peu réticents. Ce n'était pas la couleur de peau de ces bambins qui les faisait hésiter, car ils se sentaient bien prêts à aimer tous les bébés de la terre, mais une rumeur qui courait sur le manque de sérieux de certaines de ces agences d'adoption étrangères. On parlait même de trafics de bébés.

Ce matin d'août 1984, lorsque ce couple d'un âge déjà un peu avancé entra dans la boutique pour faire photographier leur gamin, Agnès et Antoine pensèrent la même chose : le bambin d'environ trois ans, aux yeux bridés et aux cheveux de jais, sur son trente-et-un pour la photo, n'était visiblement pas leur enfant biologique. Mais les parents ne firent aucune allusion à l'éventuelle adoption de leur enfant dont le comportement était celui d'un gamin épanoui et l'évoquer eût été déplacé. Alors ils laissèrent en suspens les questions qui leur brûlaient les lèvres et les regardèrent partir à regret, espérant de tout cœur que leur langue se délierait à leur prochaine visite.

Quelques jours plus tard, la maman revint chercher les clichés. Agnès était seule et Antoine s'était absenté. Il n'y avait qu'elles deux dans le magasin, situation idéale pour se parler. Après l'avoir gratifiée d'un bonjour chaleureux appuyé d'un grand sourire, Agnès prit le ticket qu'elle lui tendait et chercha d'une main fébrile l'enveloppe à son nom. Elle ne devait pas la laisser partir avant de savoir de quelle façon elle avait obtenu son enfant et elle se demandait comment l'amener à aborder le sujet. Elle déposa la pochette sur le comptoir en annonçant le prix et sourit en la voyant l'ouvrir aussitôt pour regarder les photos. Elle s'en doutait un peu, car rares étaient les clients qui avaient la patience d'être sortis pour découvrir les clichés de leur progéniture. Elle saisit l'occasion pour engager la conversation :

— Elles vous plaisent ?

— Elles sont très réussies, bravo !

— Je n'ai aucun mérite. Votre enfant est très beau !

La cliente sourit, un peu gênée, comme si elle ne méritait pas ce compliment.

— Merci, mais je n'y suis pour rien. Vous avez bien remarqué que ce n'était pas mon fils naturel.

Le cœur d'Agnès accéléra : c'était le moment de l'interroger.

— En tout cas, il a l'air vraiment heureux. Vous l'avez adopté ?

— Oui. Il est coréen. À quarante-cinq ans, nous étions trop âgés pour adopter un enfant en France. Il s'appelle Jun. On a préféré conserver le prénom qui lui a été donné à la naissance pour ne pas le couper de ses racines.

— Je peux me permettre de vous demander comment vous avez procédé ? Mon mari et moi aimerions également adopter un enfant, mais nous avons dépassé l'âge limite pour avoir un bébé. Je sais que pour l'adoption internationale, il n'y a pas de restrictions, puisqu'elle n'est pas encadrée par les lois françaises ; seulement, on ne sait pas à qui s'adresser. Et puis, j'avoue que nous avons peur de tomber sur une arnaque. On entend tellement de choses à ce sujet.

— C'est vrai qu'il faut faire attention. Les trafics de bébés existent vraiment, dans certains pays. En Corée du Sud, toutes les agences d'adoption sont plus ou moins rattachées à Holt, l'organisation américaine internationale. Je pense que c'est une garantie. Nous, on est allés le chercher directement à Séoul.

— Ah bon ? On est obligé de se déplacer ?

— Pas forcément, non. Nous, on a l'habitude de voyager, on a préféré. Mais la plupart du temps, les agences d'adoption s'occupent du convoyage des enfants et les parents adoptifs les récupèrent à l'aéroport.

— Vous pourriez me donner les coordonnées de votre agence ?

— Oui, bien sûr. C'est une petite agence qui travaille avec un orphelinat catholique. Je les ai rencontrés, ils sont vraiment sérieux et ils parlent anglais, ce qui facilite bien la communication car tout se fait sur place. Ils s'occupent de tout là-bas. Aucun intermédiaire français. Vous parlez anglais ?

— Oui, je me débrouille.

— Je ne sais pas ce qui vous pousse à recourir à l'adoption, mais je dois vous prévenir que vous vous engagez dans une voie difficile. Pour vous et pour lui. Vous allez devoir affronter sans arrêt le regard des autres, le plus souvent curieux, mais parfois méchant. Vous aurez beau l'élever comme votre propre enfant, il y aura toujours quelqu'un pour lui faire remarquer sa différence avec vous. À trois ans, Jun subit déjà des moqueries, quand ce ne sont pas des insultes au jardin d'enfants. Il faut vraiment que vous fassiez vos démarches en pleine conscience de ces difficultés.

— J'ai déjà réfléchi à la question. Je sais malheureusement qu'on ne peut pas éviter le racisme mais je serai là pour le protéger. Je pense aussi qu'il faut leur dire la vérité depuis le début. Même en cas d'adoption d'un enfant blanc qui aurait pu passer pour le mien, je lui aurais dit que je n'étais pas sa mère biologique. Si j'adopte un petit Coréen, je lui parlerai de son pays et de sa maman qui vit là-bas.

— C'est compliqué, mais je crois vraiment que c'est la chose à faire, approuva la dame en regardant sa montre. Il faut que j'y aille. Je vous appelle en rentrant pour vous communiquer l'adresse de l'agence en Corée. Ne soyez pas trop pressée. La réponse peut mettre plusieurs mois à vous parvenir.

— J'attendrai le temps qu'il faudra. Je ne conçois pas ma vie sans enfant. Merci beaucoup.

Le soir même, Agnès rédigea une lettre en anglais qu'elle glissa dans une enveloppe avec deux timbres. Pour la Corée, il fallait bien ça. Puis elle sortit en tenant Antoine par la main et, solennellement, ils se dirigèrent vers la boîte aux lettres. Ils regardèrent la missive glisser dans la fente telle une bouteille à la mer puis se serrèrent l'un contre l'autre : les dés étaient jetés, il ne leur restait plus qu'à espérer.

25

À LA GRANDE SURPRISE DE SES PARENTS, Carole refusa la grande fête qu'ils avaient prévu d'organiser pour ses dix-huit ans. Son joli sourire avait disparu, ainsi que son appétit, et sa mère, qui lui trouvait le teint pâle et les joues creuses, avait pris rendez-vous chez le médecin. Elle soupçonnait un petit chagrin d'amour mais elle n'avait rien pu tirer de sa fille. Elle craignait également que ses études n'en pâtissent et qu'elle n'ait pas ce bac dont l'échéance approchait.

Depuis sa première nuit d'amour, Carole était retournée au Roméo Club chaque samedi en espérant y revoir Andrew. Il n'était jamais revenu et son espoir s'était amenuisé peu à peu, transformant son amour en rancœur tenace, envers lui et envers les hommes en général. Même ses copains de lycée, avec qui elle aimait bien s'amuser, la dégoûtaient. Tout lui donnait la nausée.

* * *

Carole était retournée voir le médecin avec sa mère, munie du résultat de ses examens. Hébétée, elle le regardait sans parvenir à répondre à sa question : « Quelle est la date de vos dernières règles ? » Elle ne se souvenait pas. Pendant ces derniers mois, elle avait vécu dans un monde parallèle, ignorant tout ce qui n'était pas Andrew. En fouillant dans sa mémoire, elle se rendit compte que la dernière goutte de sang qui s'était écoulée de son corps provenait de la déchirure de son hymen. Alors elle éclata en sanglots. Aux merveilleux souvenirs qu'elle n'avait pas pu effacer se mêlait la haine qu'elle éprouvait pour celui qui l'avait traitée comme une moins-que-rien.

Le médecin, à qui elle n'avait pas répondu, insista :

— C'est important de savoir à quand remonte cette grossesse, pour savoir s'il est encore temps de l'interrompre, comme le suggérait votre mère, mais vous êtes majeure dans quelques jours et c'est à vous que reviendra la décision.

Alors, le mot « grossesse », que son inconscient avait refusé d'entendre, percuta son esprit. Elle se mit à hurler :

— Non ! Je n'en veux pas, de cet enfant ! Qu'on me l'enlève tout de suite !

Au bord de la crise de nerfs, elle pleura de plus belle. Sa mère s'approcha d'elle et tenta de la prendre dans ses bras en lui disant doucement :

— Justement, c'est pour ça que le docteur a besoin que tu répondes à sa question.

Elle se serra contre sa mère en hoquetant :

— C'est foutu pour l'avortement, maman, je n'ai pas eu mes règles depuis quatre mois au moins. En tout cas, une chose est sûre, j'accoucherai sous X. Je ne veux pas pourrir ma vie pour un salaud pareil.

— Il ne t'a pas violée, quand même ? demanda sa mère, angoissée.

— Non. Je ne comprenais pas très bien ce qui m'arrivait mais j'étais d'accord. Seulement, il m'a abandonnée ensuite et ça, je ne le lui pardonnerai jamais. Si je gardais son enfant, je sais que je ne serais pas capable de l'aimer car j'aurais toujours l'impression de le voir, lui.

26

KIM SE REGARDA DE PROFIL dans la glace et constata, malgré l'ampleur de ses vêtements, la proéminence de son ventre. Il était temps pour elle de partir. À vingt-deux ans, elle vivait encore chez ses parents, comme c'était la coutume. Les filles ne quittaient le domicile parental que pour se marier. Elle n'était pas vraiment fiancée, mais son petit ami et elle étaient très amoureux. Elle n'avait pas respecté les règles. Elle lui avait cédé. Elle avait bien pensé à ce qui risquerait de lui arriver, mais son ami lui avait promis qu'ils se marieraient… un jour.

À présent, Kim était déshonorée. Elle n'avait rien dit à sa mère. Elle fit sa valise et quitta discrètement le domicile de ses parents qu'elle ne reverrait certainement jamais. Elle devait aller se cacher avant que le voisinage ne devine son état et que sa honte ne rejaillisse sur la famille. Un foyer de filles-mères l'accueillerait loin de Séoul et du regard des autres.

* * *

Allongée sur son lit, Kim caressa son ventre dans lequel elle sentait le bébé s'agiter. Elle essayait d'évacuer la colère qui ne la quittait pas depuis qu'elle avait mis cette femme à la porte. Comment avait-elle osé lui proposer une chose pareille ? Elle repensa à ses paroles – « Vous allez élever cet enfant seule, sans avenir, car il sera la preuve de votre déshonneur. À cause de lui, vous serez salie pour toujours » – et un sentiment de révolte monta à nouveau en elle. Ce n'était pas la faute de son bébé s'il avait été conçu hors mariage.

Kim connaissait maintenant les autres filles qui portaient, comme elle, le fruit d'amours interdites, et elle avait sympathisé avec certaines. Elle fut stupéfaite de constater que la plupart de ces futures mères avaient des projets d'avenir sans leur enfant. Sans état d'âme, à ce qu'elles laissaient paraître, mais ce à quoi Kim ne crut qu'à moitié, elles avaient presque toutes cédé aux arguments de la femme qui venait régulièrement leur rendre visite. Cette personne à qui Kim avait fermé sa porte et qui était envoyée par une agence d'adoption.

* * *

Le terme de Kim approchait et sa mère lui manquait terriblement. Elle n'avait jamais envisagé d'accoucher un jour si loin d'elle. Elle avait su dès le début qu'elle était condamnée à ne plus jamais voir sa famille, mais voilà que son cœur se brisait. Sa vie lui semblait soudain trop lourde à porter. Elle entendait celle que tout le monde ici appelait « la dame de l'adoption », parler dans la chambre à côté.

Kim savait qu'elle ne pouvait offrir à son enfant qu'une vie marginale de recluse ou de fugitive. Elle s'était rendu compte également qu'elle ne disposerait d'aucun moyen financier pour subvenir à ses besoins car il était quasiment impossible pour une mère élevant seule son enfant de trouver du travail. Elle caressa son bébé à travers son ventre, comme elle avait l'habitude de le faire. Puis, dès que la femme sortit de la chambre d'à côté, elle la fit entrer dans la sienne et elle signa la déclaration d'abandon.

* * *

Un mois plus tard, Kim donna naissance à une jolie petite fille qui ne lui appartenait plus.

27

DEPUIS CINQ MINUTES, Antoine triturait l'enveloppe sans parvenir à l'ouvrir. Elle venait de Corée. Ils avaient déjà eu un échange de courriers avec l'agence d'adoption, mais six mois s'étaient écoulés depuis leur dernier envoi de documents et ils commençaient à trouver le temps long. La réponse qu'ils attendaient se trouvait certainement à l'intérieur et il avait peur de ce qu'il allait découvrir. Il hésita à prévenir Agnès car il avait beau se convaincre du contraire, il redoutait toujours une mauvaise nouvelle et sa plus grande crainte était de la voir rechuter. Le médecin l'avait averti de la fragilité psychologique de sa femme et il devait l'épargner. Il décida donc de prendre connaissance du contenu de la lettre avant elle, pour la préparer le cas échéant. Il la décacheta d'une main tremblante et, malgré son anglais rudimentaire, il parvint à la déchiffrer. Une phrase lui sauta aux yeux : « *a two-month-old baby* ». Il relut pour être sûr d'avoir bien compris, puis comme un gamin, il se mit à pousser des cris de Sioux en sautant de joie.

Il se précipita dans le magasin pour annoncer la bonne nouvelle à Agnès. Il était tellement heureux qu'il aurait eu envie de le crier au monde entier. Sans s'étendre en explications, il tendit la lettre à sa femme et lui annonça, les yeux brillants de larmes :

— C'est une petite fille.

Il n'eut pas besoin d'en dire davantage, elle avait compris. Alors, sous le regard interloqué des clients, elle se jeta dans ses bras et tous deux pleurèrent de bonheur.

* * *

Un mois plus tard, ils reçurent de l'agence d'adoption la convocation à l'aéroport de Roissy pour récupérer l'enfant, une petite Coréenne abandonnée à la naissance par sa mère, qui leur parviendrait lorsqu'elle aurait deux mois. Ils laissèrent à nouveau éclater leur joie. Le berceau qui attendait depuis toutes ces années dans la chambre aux lapins bleus allait enfin accueillir un bébé, ce bébé qu'ils contemplaient sur la photo un peu floue de l'orphelinat et qu'ils allaient prénommer Julie.

28

Six mois avaient passé depuis que Andrew était allé voir sa cousine, six mois pendant lesquels il avait beaucoup réfléchi. Il savait qu'il avait perdu Isabelle à tout jamais et qu'il était trop tard, à présent, pour lui présenter des excuses, mais il espérait qu'Armelle lui avait dit combien il regrettait ses erreurs. Il craignait de ne pas parvenir à aimer à nouveau. Il avait repris la vie solitaire qu'il avait avant d'avoir rencontré Isabelle, avec ses déplacements à New York pendant lesquels il s'arrangeait, à présent, pour aller voir sa mère à chaque fois. Il lui avait organisé un séjour en France pour l'été suivant et, si elle était frileuse à l'idée de retourner dans la ville de son enfance, Andrew, lui, se réjouissait de lui faire rencontrer sa famille qui comptait un membre de plus depuis un mois. Armelle avait mis au monde la petite fille tant attendue, qu'ils avaient prénommée Aurore.

* * *

Plus le terme de Carole approchait, plus sa haine augmentait envers celui qui avait conçu l'être qui s'agitait dans son ventre et l'empêchait de vivre comme une fille de dix-huit ans. Pour ne pas subir le jugement de son entourage, elle avait quitté le lycée. La raison n'était pas tant sa grossesse que sa décision d'abandonner l'enfant. Elle ne voulait pas avoir à se justifier sur un choix qui n'appartenait qu'à elle seule. Elle suivait des cours par correspondance, mais son état la plongeait dans une léthargie qui lui avait fait renoncer à l'espoir d'obtenir son bac cette année. Face aux voisins indiscrets, ses parents invoquèrent des problèmes de santé. Était-ce dû à son déni des premiers mois ou à son refus de l'enfant ? Personne ne pouvait soupçonner qu'elle était enceinte de presque huit mois. Lorsqu'elle sortait, des vêtements un peu larges lui permettaient de dissimuler totalement son ventre, à peine bombé. Le temps qu'elle ne passait pas à étudier, elle l'utilisait pour ruminer sa vengeance. Il n'allait pas s'en tirer à si bon compte, il fallait qu'elle lui fasse payer le prix de ce qu'il lui faisait endurer. Depuis quelque temps, une idée germait dans son esprit, mais pour cela, elle avait besoin de son adresse et le minitel qu'elle venait de consulter était resté muet. Aucun Andrew Thomson n'apparaissait sur l'annuaire électronique.

Le doute s'installa soudain dans son esprit. Et s'il avait quitté Paris ? À travers les rares paroles qu'il avait prononcées, Carole avait remarqué un léger accent. Peut-être était-il retourné vivre à l'étranger ? Elle ne pouvait pas se résoudre à l'idée d'avoir perdu sa trace. Il fallait qu'elle aille vérifier si le nom, qu'elle avait remarqué sur sa porte, y figurait toujours. Elle essaya de rassembler ses souvenirs pour situer l'endroit où il habitait, mais elle prit conscience qu'elle était arrivée chez lui en pleine nuit et se dit en serrant les poings qu'elle était si bien occupée dans le taxi qu'elle n'avait pas du tout prêté attention au chemin qu'il empruntait. Quand elle était repartie, le jour n'était pas levé et elle était dans un état second. Elle craignit de ne pas y parvenir. Soudain, le nom de la station de métro la plus proche, que Andrew lui avait indiquée, lui revint. Comment avait-elle pu l'oublier ? C'était Victor-Hugo, du nom de son auteur préféré, celui qui lui avait valu un dix-huit à l'oral de français l'année précédente. Il n'était pas vraiment au programme, mais son prof, fervent admirateur également, l'avait ajouté sur la liste. Carole avait toujours été une bonne élève et, en repensant à cette année gâchée, elle sentit remonter sa rage. Elle allait se rendre à cette station Victor-Hugo et de là, elle se fierait à son instinct. Comme un chien perdu, elle retrouverait son chemin et retournerait vers celui qui l'avait abandonnée.

Carole reprit son autobus de banlieue qui la conduisit à la station de métro la plus proche. Un trajet qu'elle empruntait tous les week-ends pour aller en boîte, ou pour faire les boutiques à Paris. Bien qu'étonnée par cette décision subite, sa mère l'avait regardée partir avec soulagement, heureuse de constater que sa fille sortait enfin de sa neurasthénie. Carole s'engouffra dans le métro et son odeur caractéristique lui procura une bouffée de bien-être. Elle se rendit compte que ses sorties hebdomadaires à la capitale lui manquaient et elle eut le sentiment de retrouver sa liberté. Le signal indiqua la fermeture des portes et les usagers se bousculèrent pour entrer dans les wagons déjà bondés. Cramponnée à la barre, elle préférait subir la pression des autres passagers serrés contre elle plutôt que de révéler son état qui lui aurait conféré une place assise. Plus qu'un mois et elle serait délivrée à tout jamais de ce poids qui pesait dans son ventre. À première vue, la place Victor-Hugo, sur laquelle elle déboucha en haut de l'escalier du métro, n'évoquait rien dans sa mémoire. Elle en fit le tour en lisant le nom des rues et soudain, un sourire illumina son visage. Raymond Poincaré ! Lui aussi était à son programme du bac. Elle se souvint alors des indications de Andrew, dont l'anachronisme l'avait amusée. « Tu suis Raymond-Poincaré et tu tombes sur Victor-Hugo. » Rassérénée, elle se dirigea d'un pas assuré vers l'avenue Poincaré mais, au bout de dix minutes de marche, elle s'interrogea. Le trajet ne lui avait pas semblé aussi long l'autre fois. Ce fut en arrivant au Trocadéro qu'elle se rendit compte qu'elle était partie du mauvais côté. En pestant, elle fit demi-tour. Pourquoi fallait-il qu'il habite un quartier où elle n'avait jamais mis les pieds, elle qui connaissait le reste de Paris comme sa poche ? La fatigue s'ajouta à son exaspération et elle sentit des tiraillements dans son ventre. Elle ralentit le pas. Sa tête lui tournait un peu. Il y avait longtemps qu'elle n'était pas sortie et il n'aurait plus manqué qu'elle eût un malaise ici. Au bout de l'avenue, elle tomba sur une sorte de boulevard très verdoyant, qu'elle reconnut plus ou moins comme l'avenue où habitait Andrew. Elle en nota soigneusement le nom. Mais elle constata qu'elle n'était pas arrivée au bout de ses peines, car elle ne connaissait pas le numéro et les façades de ces beaux immeubles se ressemblaient toutes. Elle allait devoir entrer dans chacun des halls afin de vérifier les noms sur les boîtes aux lettres. Elle ouvrit la première porte et découvrit, dépitée, qu'il n'y avait pas de boîtes aux lettres. Alors elle prit son courage à deux mains et frappa au carreau de la porte vitrée derrière laquelle la concierge lui répondit qu'il n'y avait personne au nom indiqué. Elle recommença, inlassablement, de porte en porte, et obtint toujours la même réponse. Découragée, elle entra dans un nouvel immeuble en se disant qu'elle perdait sans doute son temps car Andrew devait avoir déménagé, quand soudain, elle reconnut l'ascenseur grillagé dans lequel elle s'était laissée entraîner. Elle avait été émerveillée par cet ouvrage d'une autre époque, qui contrastait tellement avec ceux qu'elle connaissait. Son cœur s'accéléra. C'était là, elle en était sûre. Elle s'approcha de la loge, dont la concierge semblait absente. Ne se souvenant pas de l'étage, elle entreprit donc de lire, un à un, les noms qui figuraient près des portes d'entrée. Ce fut au troisième palier qu'elle reconnut la plaque de cuivre qu'elle avait remarquée en partant, huit mois auparavant. Andrew Thomson habitait toujours à la même adresse.

29

Le rideau du magasin allait rester fermé toute la journée ; pourtant, Agnès et Antoine s'étaient levés à l'aube ce matin-là. En réalité, ils n'avaient pas dormi du tout, trop excités par ce qui les attendait. C'était le grand jour. Ils allaient enfin pouvoir ouvrir les bras et le cœur à Julie, ce bébé qu'ils considéraient déjà comme le leur. Certes, l'unique avion entre Rennes et Paris décollait un peu tôt, mais au moins il leur laissait une grande marge avant l'arrivée de leur fille, d'autant qu'ils devraient changer d'aéroport à Paris. Le couple n'était pas particulièrement adepte des transports aériens, mais dans le cas présent c'était la solution la plus pratique. Ils étaient aussi impatients qu'un enfant à la veille de Noël. Tout était prêt à la maison. La chambre aux lapins bleus était pimpante et quelques robes étaient venues compléter la collection de vêtements dans l'armoire déjà bien garnie.

Assis en salle d'embarquement, ils attendaient tranquillement, leur carte à la main, quand un appel au micro les raidit sur leur siège. Le vol à destination de Paris, en raison d'un problème technique, serait retardé. D'un bond, Agnès se précipita vers la personne qui venait de faire l'annonce pour lui demander ce qu'elle entendait par là. Cette dernière avait déjà devant elle une horde de passagers furieux, certains manquant un rendez-vous professionnel important. Elle lui répondit avec un geste évasif qu'elle n'en savait rien, que tout dépendrait de la panne et du temps qu'il faudrait pour la réparer.

À ces mots, Agnès manqua défaillir. Les jambes chancelantes, elle retourna à son siège et répéta les propos de l'hôtesse à Antoine. Il essaya de calmer sa femme en lui rappelant qu'ils avaient beaucoup d'avance et en lui faisant remarquer que les mécaniciens avaient encore largement le temps de réparer la panne. Agnès ne dit plus rien, mais elle sentit monter en elle une angoisse qui lui rappelait de très mauvais souvenirs. Il y avait bien longtemps qu'elle n'avait plus sur elle les fameuses pilules qui l'apaisaient à cette époque et, à ce moment précis, elle en aurait eu bien besoin.

Les annonces se succédèrent, repoussant l'horaire de départ de demi-heure en demi-heure. Ils avaient utilisé les bons de rafraîchissement qu'on leur avait distribués et Agnès, qui ne tenait plus en place, harcelait littéralement la pauvre hôtesse. Celle-ci n'était toujours pas en mesure de lui dire à quelle heure l'avion allait décoller et finit par l'ignorer, ce qui augmenta sa tension. Figée devant le comptoir, Agnès ne la quittait pas des yeux, sursautant dès que le téléphone sonnait, de peur qu'on finisse par lui annoncer l'annulation du vol. Soudain, elle sentit la sueur lui couler dans le dos et son ventre se tordre. L'hôtesse venait de prendre son micro. Sans préambule, elle dit d'une voix monocorde : « Le vol à destination de Paris est prêt pour l'embarquement. » Une rumeur s'éleva dans la salle et les passagers commencèrent à s'agiter. Antoine se leva dans la bousculade et rejoignit Agnès qui s'écroula dans ses bras en pleurant de soulagement, sous le regard perplexe de l'hôtesse qui devait se demander si elle n'avait pas affaire à une folle. Il la serra contre lui pour la réconforter, essayant de refouler sa propre inquiétude. Il allait leur rester très peu de temps à Paris pour changer d'aéroport.

30

Carole était partie à la maternité dès les premières contractions. Sa mère l'avait déposée devant la porte de l'hôpital parisien qu'elle avait sélectionné pour mettre au monde son enfant dans l'anonymat. La jeune femme avait demandé à ses proches de ne plus essayer d'infléchir sa décision et surtout de ne pas venir la voir. Allongée sur la table d'accouchement, elle ne souhaitait qu'une chose, que tout se finisse vite. Ne quittant pas le plafond des yeux, elle exécuta les ordres de la sage-femme sans un mot. Elle était contente d'avoir choisi d'accoucher sous péridurale et de ne pas avoir écouté sa mère qui trouvait cette nouvelle technique dangereuse, car elle ne sentit strictement rien, ni douleur, ni émotion. C'était exactement ce qu'elle voulait. La sage-femme attrapa le bébé entre ses jambes puis coupa le cordon ombilical.

Au moment où elle allait l'éloigner d'elle à jamais, Carole prit un air désespéré et lui dit :

— Oh, vous me le prenez déjà…

L'accoucheuse hésita. Les psychologues leur avaient vivement déconseillé d'instaurer un contact entre la mère et l'enfant, mais c'était toujours un déchirement pour elle de les arracher l'un à l'autre. Alors, au lieu de lui retirer le nouveau-né, elle le lui posa délicatement sur le ventre et, d'une voix émue, lui dit : « C'est une fille. » En réprimant son dégoût, Carole posa ses mains sur le corps minuscule recouvert de sang et de viscosités, feignant l'émotion de son mieux. Elle avait bien réussi son numéro car la sage-femme, avant d'emporter le bébé pour lui donner les premiers soins, lui chuchota à l'oreille :

— Si vous voulez, vous pourrez lui donner son premier biberon.

Carole ne s'attendait pas à cette proposition mais accepta aussitôt, car cela allait dans le sens de son plan. Deux heures plus tard, la sage-femme lui ramena le bébé tout propre et emmailloté dans un pyjama fourni par le service d'aide sociale à l'enfance. À peine calé contre elle, il eut déjà le réflexe de chercher le sein pour téter et, tandis que Carole lui enfournait la tétine dans la bouche, la sage-femme les observa du coin de l'œil, le cœur serré devant cette image qu'elle savait éphémère. Elle perçut la tension de la mère, qu'elle imaginait due à la retenue de ses sentiments, alors qu'en réalité c'était tout l'inverse. Cette tétée était un véritable supplice pour Carole qui n'éprouvait que de l'indifférence et qui s'efforça de faire bonne figure.

Enfin installée dans sa chambre, Carole s'était assoupie quand on frappa à la porte. Elle n'attendait personne. Contrariée, elle répondit « Entrez ! » en espérant que ce n'était pas sa mère. La personne qui entra avec un sourire avenant lui faisait justement penser à elle. La quarantaine environ, elle avait la même allure. Elle s'approcha du lit et serra énergiquement la main de Carole :

— Bonjour, je suis l'assistante sociale. Maintenant que votre bébé est né, je viens pour que nous parlions un peu de ce qui va se passer ensuite. Vous avez décidé de confier l'enfant à l'adoption, mais sachez que vous avez soixante-douze heures pour signer le procès-verbal d'abandon. Jusque-là, vous pourrez changer d'avis et le garder. Au bout de ces trois jours, l'enfant sera officiellement déclaré né de parents inconnus. Mais rien ne sera encore perdu parce que vous disposerez encore de deux mois pendant lesquels vous ou le père pourrez le reconnaître. Ce n'est qu'à l'issue de ces deux mois, si vous ne vous êtes pas rétractée, qu'il sera réellement adoptable. Je vous explique tout cela pour que, si vous aviez le moindre regret, vous ne vous disiez pas que c'est trop tard.

Carole écouta poliment, mais elle était parfaitement au courant. Elle répondit :

— Je ne pense pas que je changerai d'avis. Je n'ai que dix-huit ans et je ne me sens pas capable d'élever un enfant.

— Vos parents ne peuvent pas vous aider ?

Ces questions, on les lui avait posées vingt fois. Lassée, elle mentit :

— Mes parents ne sont pas au courant.

— N'hésitez pas à m'appeler si vous avez le moindre problème, déclara l'assistante sociale en lui tendant sa carte.

Puis, après lui avoir à nouveau serré la main, elle quitta la chambre.

* * *

Contrairement à la plupart des femmes accouchant sous X, qui partaient rapidement, Carole voulut laisser s'écouler les trois jours avant de signer le procès-verbal. Les puéricultrices, qui avaient été averties par la sage-femme de sa réaction à la naissance, en déduisirent qu'elle hésitait encore. Baignées par l'espoir qu'elle change d'avis et reparte avec son enfant, les soignantes l'autorisèrent à circuler librement entre le service de gynécologie où elle séjournait et l'endroit où se trouvait sa fille. Elle n'abusa pas de cette permission exceptionnelle, mais elle retourna plusieurs fois la voir dans son berceau calé dans un recoin, devant la salle de soins du service de néonatalité. Ici, les bébés nés sous X étaient en transit et n'avaient pas de place attitrée.

Carole signa, sous un nom d'emprunt, le document d'abandon de sa fille que la sage-femme avait prénommée

Mélissa. Elle eut l'autorisation d'aller lui dire au revoir avant de sortir de sa vie pour toujours. Ses affaires étaient prêtes et le taxi commandé. Avant de quitter sa chambre, elle glissa une serviette de toilette dans son sac, puis appela l'ascenseur pour se rendre à l'étage supérieur où se trouvait le service de néonatalité. Le berceau de Mélissa était toujours à la même place, poussé dans un coin pour ne pas gêner le passage. Elle avait été officiellement déclarée « née de parents inconnus » et elle devait partir le lendemain dans une pouponnière, où elle resterait jusqu'à l'âge de deux mois avant d'être adoptée. La puéricultrice de service ce matin-là reconnut Carole et vint vers elle, l'air chagriné de son départ.

— Je ne pouvais pas la garder, lui dit Carole pour se justifier. Est-ce que je peux la prendre une dernière fois pour lui dire au revoir ?

La puéricultrice acquiesça et sentit les larmes lui monter aux yeux en voyant Carole serrer l'enfant dans ses bras. Pour ne pas gâcher ce dernier moment d'intimité par ses pleurnicheries, elle s'éloigna et les laissa seules. À peine avait-elle tourné le dos que Carole sortit la serviette de son sac et la plaça dans le berceau pour simuler la présence d'un bébé sous le drap, puis elle s'échappa avec sa fille. L'ascenseur les conduisit directement dans le hall de l'hôpital que Carole traversa sans que personne ne fasse attention à elles, puis elle s'engouffra dans le taxi qui l'attendait.

31

À TRAVERS LE HUBLOT, Isabelle regarda s'éloigner l'aéroport de Séoul d'où elle ramenait un bébé de deux mois.

L'avion décolla et, lorsqu'il fut stabilisé, elle souleva le petit corps blotti dans son cou pour l'installer dans le berceau. Elle se laissa aller dans son siège. Ces allers-retours pendant ses jours de repos l'enchantaient mais ils commençaient à l'épuiser. La longue période de congés qui l'attendait à son arrivée allait être la bienvenue.

La petite fille ne s'était même pas réveillée. Indifférente à ce qui se passait autour d'elle, Isabelle observa son visage apaisé, celui d'une enfant qui n'avait pas souffert. Elle avait eu la chance d'avoir été adoptée avant.

Isabelle attendait avec impatience le moment de la reprendre dans ses bras pour le biberon. Elle avait constaté qu'elle s'attachait de plus en plus aux enfants et l'idée d'en adopter un avait refait surface. Une montagne d'obstacles s'était alors dressée devant elle. La plupart des pays étrangers, comme la Corée où l'on fustigeait les mères célibataires, ne confiaient les enfants qu'à des couples mariés. En France, l'adoption d'un enfant par une femme seule était tolérée, mais elle faisait l'objet d'une enquête drastique et Isabelle savait que son mode de vie, avec ses horaires décalés, ne correspondrait pas à leurs critères. Elle n'était pas du genre à s'obstiner pour rien. Elle avait renoncé, mais le regret était toujours présent.

Le mois précédent, elle avait surpris ses propriétaires en train de vider l'appentis derrière chez elle et son cœur n'avait fait qu'un bond lorsqu'elle avait vu le fameux landau, entassé parmi les objets destinés à la décharge. Un peu étonnés qu'elle s'y intéresse, les propriétaires le lui avaient volontiers cédé, n'ayant plus rien à faire d'une telle antiquité dont leurs enfants ne voulaient pas. Elle l'avait soigneusement nettoyé et garni de petits draps qu'elle avait brodés elle-même. Depuis, il était près de son lit, désespérément vide et risquant de le rester à tout jamais, mais c'était pour Isabelle une présence réconfortante qu'elle n'aurait su expliquer.

L'avion venait de poser ses roues sur le tarmac. Les voyageurs commencèrent à s'agiter autour d'Isabelle et de la petite, qui, imperturbable, dormait sur son épaule. La jeune femme laissa défiler un à un tous les passagers, puis elle se décida à se lever. Elle ajusta son porte-bébé et serra la petite fille contre elle en effleurant des lèvres le duvet de son crâne, humant avec plaisir cette odeur de bébé qui commençait à lui être familière.

Elle présenta au service de l'immigration les papiers afférents à l'adoption de la petite Coréenne. En empruntant les couloirs qu'elle connaissait bien, elle sentit sa gorge se nouer. Le moment des retrouvailles et des séparations approchait.

32

L'AÉROPORT D'ORLY ressemblait à une ruche. Étourdis par le ballet des passagers dans lesquels ils se cognaient, Antoine et Agnès cherchaient la porte de sortie. Le compte à rebours avait commencé et, pour gagner du temps, ils décidèrent de prendre un taxi.

Assis tous les deux à l'arrière, ils se tenaient la main qu'ils serraient de temps en temps comme pour se donner du courage. Leur mauvais karma était de retour. Cette journée, qui aurait dû être l'une des plus belles de leur vie, était en train de se transformer en cauchemar. L'estomac retourné, ils n'avaient rien pu avaler depuis la veille et Antoine commençait à sentir des signes de faiblesse. Épuisé par toutes ces émotions, il s'endormit. Agnès, la tête sur son épaule, ne tarda pas à s'assoupir à son tour.

Brusquement, elle ouvrit les yeux et jeta un coup d'œil à sa montre. Elle avait dormi une demi-heure. En regardant par la fenêtre du taxi, elle s'aperçut avec effroi qu'ils n'avaient quasiment pas avancé. Ils étaient bloqués dans les embouteillages. Timidement, elle demanda au chauffeur s'il pensait que ça allait durer encore longtemps. Il lui répondit avec un fort accent des faubourgs parisiens :

— Ah ça, ma p'tite dame, avec le périph on peut jamais savoir. Ça peut se déboucher d'un seul coup ou bien on peut encore rester coincé pendant deux heures.

Deux heures ! L'avion de Julie aurait atterri depuis longtemps. Au bord du malaise, Agnès tourna la poignée de la vitre à toute allure pour inspirer un peu d'oxygène, mais elle se mit à suffoquer en respirant les gaz d'échappement de toutes ces voitures alignées les unes derrière les autres. L'aiguille de sa montre avait encore avancé et le taxi n'avait pas bougé. C'était fichu. Ils allaient arriver trop tard. Ce moment dont ils avaient tant rêvé où, comme au cinéma, la porte des arrivées s'ouvrirait sur la personne qui tiendrait leur enfant dans les bras, ne se présenterait jamais. Elle imagina la nouvelle scène, celle dans laquelle ils ne seraient pas là pour accueillir la petite Julie après ce long voyage. Elle avait envie de crier sa rage contre tous ces gens devant elle qui l'empêchaient d'atteindre son but : que faisaient-ils tous en plein milieu de l'après-midi sur le boulevard périphérique ? Elle se demanda ce qu'allait devenir leur fille pendant leur absence. Ce cas n'avait pas été évoqué par l'agence d'adoption.

Soudain, le taxi se mit à accélérer, réveillant Antoine en sursaut. Par on ne savait quel miracle, la circulation s'était brusquement débloquée.

33

LA PORTE DES ARRIVÉES S'OUVRIT sur Isabelle. Julie dos à elle dans le porte-bébé, elle s'arrêta un instant comme chaque fois qu'elle ramenait un enfant, attendant que les adoptants reconnaissent le leur. La plupart du temps, ils ne l'avaient vu qu'en photo, mais ils ne se trompaient jamais. Elle jeta un coup d'œil aux alentours. D'habitude, ils étaient déjà là, patientant depuis des heures au premier rang, collés au cordon de sécurité pour être sûrs de ne pas le louper. Elle les aurait repérés entre mille, ces nouveaux parents avec leur cou tendu, scrutant chacun des voyageurs du même regard fiévreux. Ce premier contact était un moment d'émotion si intense qu'elle se préparait déjà à pleurer avec eux.

À son grand étonnement, personne parmi la foule ne se manifesta. Elle se dirigea alors lentement vers le point de rencontre, leur lieu présumé de rendez-vous où généralement ils n'avaient pas la patience de se rendre, préférant guetter les arrivées. Les parents de Julie n'y étaient pas non plus. Elle pensa qu'ils avaient sans doute été retardés et se dit qu'elle n'était pas pressée. Au fond, elle était même ravie de ce contretemps qui allait lui permettre de leur voler quelques minutes supplémentaires. Elle retourna la petite dans le kangourou et la cala contre sa poitrine pour s'imprégner encore un peu de son odeur et de sa chaleur.

Une demi-heure plus tard, ils n'étaient toujours pas là. Une crainte absurde l'envahit : et s'ils avaient changé d'avis ? Qu'ils ne venaient pas la chercher ? Que deviendrait cette pauvre enfant ? Julie avait ouvert les yeux et la regardait fixement. Isabelle la serra contre elle, terrifiée à l'idée de devoir la renvoyer dans un orphelinat.

Une heure plus tard, il n'y avait toujours personne. Julie, qui s'était rendormie dans son cou, commença à s'agiter. Elle n'allait pas tarder à réclamer son biberon. Isabelle sentait monter son anxiété. Sa seule mission était de récupérer l'enfant à l'aéroport auprès de l'agence d'adoption coréenne et de le remettre aux parents à l'arrivée de l'avion. Aucune consigne ne lui avait été laissée au cas où ils ne se présenteraient pas. *A priori*, ça n'arrivait jamais.

Elle prit conscience que, s'ils avaient eu un empêchement, ils n'avaient aucun moyen de la prévenir et décida de les appeler. Soucieuse de ne pas quitter son poste d'observation trop longtemps pour ne pas les manquer s'ils se présentaient entre-temps, elle se précipita vers la cabine téléphonique la plus proche. Elle fouilla dans l'enveloppe contenant le dossier de Julie, à la recherche de la feuille sur laquelle se trouvaient leurs coordonnées. Elle la sortit, et repéra aussitôt leur numéro de téléphone qu'elle composa à toute allure. Au bout d'une trentaine de sonneries, elle se résigna à raccrocher, déçue : ils n'avaient pas branché de répondeur.

Julie ballottant contre sa poitrine et son sac de voyage à la main, elle courut à nouveau vers le point de rencontre. Elle patienta encore. Elle aurait bien aimé s'assurer, auprès de l'organisme coréen, que les parents avaient eu les bonnes informations concernant l'arrivée de leur fille, mais il était déjà 22 heures à Séoul, trop tard pour les joindre. Elle n'avait pas jugé utile, pour le moment, d'alerter Chantal, l'hôtesse responsable des convoyages. Ils allaient bien finir par arriver.

Une douleur aiguë lui transperça le dos. Debout depuis bientôt deux heures avec le bébé suspendu à son cou, elle commençait à ressentir la fatigue du voyage. Elle rêvait d'aller s'asseoir, ne fût-ce qu'un instant. Julie aussi était épuisée. L'image du landau de sa chambre s'immisça dans l'esprit d'Isabelle. Julie serait tellement mieux couchée sous les petits draps brodés qu'au milieu de ce brouhaha. La tache humide qu'elle sentit sur son ventre finit de la convaincre. D'un pas décidé, elle alla à la pharmacie acheter des couches, celles qu'on lui avait données ayant toutes été utilisées, ainsi que du lait dont elle allait manquer également, puis elle se rendit au comptoir information. Par chance, sa collègue d'Air France en poste cet après-midi-là était Lynda, une personne connue pour sa discrétion. Isabelle lui expliqua brièvement la situation et arracha une page de son carnet sur laquelle elle nota son numéro de téléphone personnel, à remettre aux parents adoptifs lorsqu'ils se présenteraient pour réclamer leur enfant. Elle pourrait venir rapidement, elle n'habitait pas très loin de l'aéroport. Qu'ils n'hésitent surtout pas à l'appeler, même tard dans la nuit. À l'attention de Lynda, elle inscrivit « Julie Guichard » sur une autre feuille et ajouta le numéro de vol par lequel elle était arrivée.

Avant de quitter l'aéroport, Isabelle retourna s'enfermer dans la cabine téléphonique et composa le numéro du local de l'association afin de prévenir Chantal qu'elle emmenait l'enfant se reposer chez elle. Cela ne répondait pas. Alors, elle monta dans l'ascenseur avec Julie et appuya sur le bouton qui les conduisit au parking du personnel.

* * *

Une heure plus tard, Lynda, angoissée, consulta sa montre. Sa relève n'était toujours pas là et elle allait encore être en retard à la sortie de l'école. Elle tremblait à l'idée que sa gamine de sept ans se retrouve seule sur le trottoir, car sa maîtresse l'avait bien prévenue l'autre jour : c'était la dernière fois qu'elle attendrait avec elle. Quand elle aperçut enfin la collègue qui allait la remplacer, elle ne prit pas le temps d'écouter ses excuses. Elle connaissait la mauvaise volonté d'Annick et savait qu'elle n'aimait pas travailler au comptoir information où elles devaient faire face à toutes les récriminations des passagers. À peine Annick était-elle passée derrière le comptoir que Lynda attrapait son sac et la saluait en fonçant vers sa voiture.

Annick prit sa place en soufflant. Elle en avait assez de ce métier où on les faisait sans arrêt courir à droite et à gauche. Ce soir, elle allait assurer la fermeture et elle espérait être tranquille. Elle pesta à nouveau en voyant des papiers où Lynda avait griffonné traîner sur le bureau et, sans même y jeter un regard, les déchira avant de les jeter dans la corbeille.

Au feu rouge, Lynda étouffa un cri : elle avait oublié de passer la consigne à Annick pour l'enfant. Elle se promit de l'appeler en arrivant chez elle.

Un peu plus tard, happée par le goûter et les devoirs, elle n'y pensait déjà plus…

34

Agnès laissa Antoine régler la note exorbitante du taxi et sortit en courant vers la porte des arrivées qui déversait son flot de passagers. Le cœur gonflé d'espoir, elle scruta le gigantesque panneau et chercha des yeux l'avion en provenance de Séoul. Il s'était posé depuis trois heures. Complètement affolée, elle courut d'un comptoir à l'autre et obtint sans cesse la même réponse. Aucun bébé adopté n'était attendu. Elle leur montra la lettre de l'agence d'adoption, qui indiquait le numéro de vol, la date et l'heure de l'arrivée avec la photo de sa fille en insistant : « Elle ne s'est quand même pas volatilisée ! » L'employée du comptoir information lui expliqua que si son enfant ne requérait aucune assistance particulière à l'arrivée, elle avait débarqué avec les autres passagers. Mais Agnès, têtue, ne voulait pas comprendre.

— Vous pouvez regarder sur la liste des passagers pour que je sache au moins si elle était à bord !

— Désolée, mais je n'ai pas le droit. Ces renseignements sont confidentiels.

— Il y a bien des exceptions, quand même, faites un effort !

Au début de sa carrière, Annick se serait sans doute laissée attendrir pour répondre aux attentes d'une maman inquiète. Mais avec les années, elle avait cessé d'avoir de l'empathie pour tous ces gens qui la fatiguaient, et elle se contentait à présent d'appliquer le règlement.

— Impossible, il n'y a qu'à la police que je peux communiquer le nom des voyageurs.

Puis, excédée, voyant qu'elle n'en viendrait pas à bout, elle ajouta :

— Après tout, vous n'aviez qu'à arriver à l'heure.

C'était le mot de trop. Agnès mit à taper du poing sur le comptoir jusqu'à se faire mal à la main, en hurlant :

— Mais c'est de votre faute et de votre foutu avion en panne si je suis arrivée en retard ! Alors maintenant, vous allez vous débrouiller pour que je retrouve mon bébé, vous entendez ?

— Madame, ça suffit maintenant. Si vous ne vous calmez pas tout de suite, j'appelle la police. Et ce ne sera pas pour vous donner votre renseignement.

Un attroupement commençait à se former autour d'elle, grâce auquel Antoine, qui désespérait de la retrouver dans ce terminal immense, finit par la repérer. Confus du remue-ménage qu'elle avait provoqué, il se précipita vers elle et tenta de l'apaiser, mais elle se débattit comme une furie quand il voulut la prendre dans ses bras. Il ne l'avait jamais vue dans cet état.

Ce ne fut qu'après que le médecin de garde de l'aéroport lui eut administré un calmant qu'elle parvint à retrouver un comportement normal. Antoine était atterré. Leur cauchemar était en train de se prolonger. Il n'y avait que l'agence d'adoption qui puisse les renseigner et, avec le décalage horaire, c'était la nuit actuellement en Corée. Ils allaient devoir attendre le lendemain matin pour les appeler. Le prochain vol en provenance de Séoul était dans trois jours. Ils n'avaient plus rien à faire à Paris. Il ne leur restait plus qu'à reprendre un taxi vers Orly où leur avion de retour les attendait.

Assommée par le tranquillisant, Agnès suivit son mari comme un automate et sa démarche renvoya Antoine à cette période noire de leur vie qu'ils pensaient derrière eux. Bras dessus bras dessous, ils avancèrent vers la sortie, accablés. La porte de la chambre aux lapins bleus allait rester fermée ce soir et ils ne savaient pas si, cette fois, ils auraient la force de garder la tête hors de l'eau.

35

ANDREW ÉTAIT PENCHÉ SUR LA TABLE de la salle à manger où étaient étalées les pièces de son dossier quand il entendit sonner à la porte. Surpris et contrarié de devoir interrompre son travail, il se leva pour aller voir qui venait le déranger un samedi matin, regrettant finalement de ne pas être allé au bureau. Il fut presque foudroyé par un regard oscillant entre le bleu et le mauve qu'il reconnut immédiatement. Seule sa bonne éducation l'empêcha de refermer la porte au nez de celle qui lui évoquait ses mois d'errance, cette période de sa vie qu'il avait voulu gommer. Il n'eut pas le temps de s'interroger sur la raison de sa réapparition : elle lui posa un paquet entre les mains et tourna les talons. Il essaya de la retenir, mais il se rendit compte que, en parfait mufle, il ne lui avait jamais demandé son prénom. Au bruit de ses pas étouffés par la moquette, il sut qu'elle avait descendu l'escalier à toute allure.

L'objet qu'il tenait toujours contre lui bougea et poussa un cri qui lui vrilla les oreilles. C'était un bébé minuscule. Jamais Andrew n'avait encore vu un être aussi petit. Il resta tétanisé, ne sachant pas quoi faire pour arrêter des pleurs qu'il n'aurait jamais imaginés si puissants. La fille ne lui avait pas dit un mot mais les éclairs de ses yeux en avaient dit long sur sa colère et sa rancune.

Après l'avoir quittée devant sa porte au petit matin, il ne l'avait jamais revue. À nouveau submergé par la honte, il se souvint du choc qu'il avait eu en prenant conscience de son comportement ignoble. Il n'eut pas à faire d'effort de mémoire pour se souvenir de la date, c'était début octobre. Après un bref calcul, il fut saisi d'effroi. C'était neuf mois auparavant et la gamine était vierge. Il dut se rendre à l'évidence : à moins qu'elle ne soit immédiatement passée de ses bras à ceux d'un autre, c'était lui le père de ce bébé qui continuait à hurler et dont le teint était en train de prendre une couleur violacée qui l'inquiétait.

Il marcha de long en large en berçant l'enfant contre lui. Rien ne parvenait à le calmer. Andrew regarda son travail qui l'attendait sur la table et se dit que la plaisanterie avait assez duré. Il fallait qu'elle revienne, maintenant. Le bébé devait avoir faim, car à présent, il s'était tu pour téter dans le vide. Andrew redoutait qu'il ne se remette à pleurer. Il s'assit sur le canapé et le posa sur ses genoux où, par miracle, il finit par s'endormir.

Andrew l'observa, sidéré par l'ironie du sort. Pendant des mois il avait espéré un enfant en vain et, aujourd'hui, un bébé dont il n'avait que faire lui tombait du ciel. De peur de le réveiller, il resta immobile. Qu'allait-il faire de cet enfant si elle ne revenait pas le chercher ?

Une heure plus tard, elle n'était toujours pas là. Andrew, complètement affolé, cherchait le moyen de calmer le bébé dont les cris avaient repris, plus stridents que jamais. Malgré sa gêne envers le voisinage, il allait devoir sortir avec lui pour acheter de quoi le nourrir. Après avoir quand même pris le temps de coller un mot sur sa porte pour prévenir la mère, au cas où elle reviendrait pendant son absence, il fonça vers la pharmacie la plus proche.

* * *

La petite s'était endormie. Andrew l'avait calée au milieu de son lit, comme la pharmacienne le lui avait conseillé. Elle lui avait assuré qu'à son âge elle ne risquerait pas de tomber. Il pouvait maintenant dire *elle*, car en la changeant, il avait vu que c'était une fille. Son cordon ombilical était encore là, ce qui voulait dire qu'elle n'avait que quelques jours selon la jeune pharmacienne, elle-même maman d'un bébé et dont Andrew avait appliqué les conseils à la lettre. Il ne lui avait pas raconté son histoire invraisemblable. Il s'était contenté de lui dire qu'une amie avait dû lui confier son bébé en urgence et que son absence avait été plus longue que prévu. Ce qu'il s'efforçait de croire.

* * *

Les parents de Carole la regardèrent descendre du taxi d'un air inquiet. Ils avaient attendu avec impatience son retour de l'hôpital. Conscients de la gravité de la décision de leur fille, ils auraient été prêts à élever son enfant, mais elle était majeure à présent et ils n'avaient pas pu aller contre son choix.

Les larmes aux yeux, la mère de Carole prit sa fille dans ses bras. Elle se souvenait de son propre retour de maternité et ne pouvait s'empêcher de faire la comparaison avec celui de Carole. Cette dernière avait beau lui dire qu'elle considérait son accouchement comme une simple intervention médicale, sa mère connaissait le bouleversement hormonal qu'il provoquait et elle craignait qu'elle n'en sorte pas indemne. Heureusement, c'était l'été. Ses parents espéraient que le voyage qu'ils lui avaient organisé allait l'aider à oublier ce triste épisode et la remettre sur pied pour son retour au lycée où elle allait redoubler sa terminale.

En dépit de son ressentiment, revoir, plus beau que jamais, l'homme dont elle avait été amoureuse, avait ébranlé Carole. De plus, malgré tous ses efforts, elle n'était pas parvenue à détester sa fille. Elle était cependant satisfaite, car tout avait fonctionné. Son plan n'était pas seulement une vengeance contre l'homme qui l'avait bafouée, il était aussi destiné à donner une chance à sa fille d'avoir un père. Libre à lui ensuite de la garder ou non.

36

ISABELLE DÉCIDA DE RENTRER SA VOITURE dans la cour. Habituellement, elle se garait dans la rue, mais, avec le retour de la période estivale, les habitants du village étaient de nouveau dehors et elle préférait éviter de susciter des interrogations, d'autant qu'ici, la rumeur se propageait à la vitesse de la lumière.

Elle avait quitté l'aéroport à temps ; Julie n'avait pas cessé de pleurer pendant le trajet. Elle sortit avec précaution, traversa la cour mitoyenne en faisant attention de ne pas trébucher sur les pavés mal joints, puis jeta un coup d'œil vers la maison voisine et poussa un soupir de soulagement : il n'y avait personne derrière le carreau. À cette heure-ci, ses propriétaires devaient être au potager. Elles étaient passées incognito. Au moment où elle entra chez elle avec le bébé dans les bras, son angoisse céda la place à une bouffée de bonheur. Ce soir, pour la première fois de sa vie, un enfant était entré chez elle et elle allait s'y consacrer. Sa joie fut de courte durée. Julie, dans le porte-bébé, hurlait de plus belle et était à présent écarlate. Isabelle se hâta de préparer le biberon malgré son dos qui la faisait toujours souffrir. Elle versa quelques gouttes sur sa main pour s'assurer que la température était bonne et glissa la tétine dans la petite bouche ouverte, qui se mit aussitôt en mouvement. Soulagée par le calme enfin revenu, Isabelle s'assit en grimaçant sur le canapé et cala Julie sur ses genoux. Après une grande inspiration, elle se détendit et, peu à peu, la douleur s'atténua.

Julie repue et enfin au sec, Isabelle la porta dans sa chambre, la coucha et la couvrit délicatement. Elle resta un instant en arrêt. Le spectacle de ce bébé endormi dans son landau lui paraissait presque irréel. Elle se revit brodant avec application ces petits draps pour en garnir la vieille voiture d'enfant qu'elle avait sauvée de la décharge. Elle l'avait fait sans raison précise, hormis celle de raviver d'anciens souvenirs. On aurait maintenant dit que ce landau ne s'était pas trouvé là par hasard. Isabelle pensait avoir agi au mieux pour l'enfant en la ramenant chez elle, mais elle était consciente d'être dans l'illégalité malgré tout. Si elle ne voulait pas se retrouver dans une situation délicate, elle devrait régler le problème au plus vite.

Le téléphone était resté silencieux depuis son arrivée, mais peut-être les parents de Julie avaient-ils appelé pendant qu'elle était encore sur la route ? Elle s'approcha du répondeur. Le bandeau électronique affichait 17 h 30. Aucune lumière rouge indiquant un éventuel message. Elle réfléchit quelques secondes, puis saisit le combiné et composa à nouveau le numéro du local de son association. Elle appréhendait un peu la réaction de Chantal, l'hôtesse fondatrice et présidente, qui, telle qu'elle la connaissait avec ses principes stricts, n'allait sans doute pas apprécier son entorse au règlement. Isabelle tournait et retournait dans sa tête les arguments pour se défendre, le cœur battant. De l'autre côté, la sonnerie n'en finissait plus. Alors que, convaincue qu'il n'y avait toujours personne, elle allait raccrocher, elle entendit enfin : « Allô ! » au bout du fil.

Ce n'était pas Chantal. Très mal à l'aise, Isabelle déglutit avant de répondre :

— Bonjour, c'est Isabelle Gonthier. Je rentre d'un convoyage.

— Bonjour Isabelle, c'est Arlette.

Arlette ! Hôtesse à la retraite, célibataire endurcie à l'ancienne, qui passait son temps au local et comblait le vide de sa vie en fouillant dans celle des autres, c'était le genre de personne à qui il ne fallait surtout rien confier.

— Chantal n'est pas là ?

— Non, elle est partie en courrier pour deux semaines. Elle avait posé un désidérata pour la rotation Los Angeles-Papeete et elle était bien contente de l'avoir eu ! Figurez-vous qu'elle a un nouvel ami et qu'il l'a accompagné. Bel endroit pour des amoureux, non ?

Isabelle aurait voulu arrêter le flot de paroles de cette commère, qui commençait à partir dans les détails de la vie intime de Chantal, mais elle resta sans voix un moment. Qu'allait-elle faire ? Il était hors de question qu'elle parle de Julie à Arlette, sous peine d'en voir informée la terre entière, et Chantal était injoignable pour deux semaines. Isabelle finit par interrompre son interlocutrice en lui disant qu'elle rappellerait Chantal à son retour, et raccrocha.

Elle soupira. Si seulement les parents pouvaient l'appeler ! Elle décida de tenter à nouveau de les joindre et ouvrit son sac à main pour prendre l'enveloppe contenant la fiche qu'elle avait sortie à l'aéroport. Son cœur s'accéléra : elle ne la trouvait pas. D'un geste nerveux, elle retourna le sac et le secoua, renversant tout son contenu sur le sol, en vain. Affolée, elle se mit à fouiller celui de Julie, sans succès. Elle courut à sa voiture, chercha partout, se mit à quatre pattes pour regarder sous les sièges : rien. Après avoir tout mis sens dessus dessous, elle dut se rendre à l'évidence : elle l'avait perdue. Dans sa précipitation, elle avait dû l'oublier dans la cabine téléphonique.

Elle s'effondra sur le canapé, la tête dans les mains. L'étau se resserrait autour d'elle. Elle ne pouvait même pas appeler le comptoir information pour savoir si les parents s'étaient présentés : aucun poste n'était relié à une ligne extérieure. Elle était coincée.

Par chance, elle était tranquille jusqu'à la fin du mois de juillet. Elle n'imaginait même pas ce qu'elle aurait fait si elle avait dû aller travailler le lendemain…

L'idée d'appeler la police lui traversa l'esprit, mais elle s'interrogea. Quelle raison valable avait-elle eue, au fond, pour ramener cette enfant chez elle ? L'empêcher de retourner dans un orphelinat ? C'était de toute façon le lieu où elle aboutirait pendant qu'ils rechercheraient les parents, à supposer qu'ils les retrouvent un jour. En attendant, elle était coupable d'un enlèvement et, en se dénonçant, malgré sa bonne foi, elle risquait une peine d'emprisonnement. Tandis qu'elle analysait la situation, elle sentit sa gorge s'assécher et fut prise de tremblements incontrôlables : elle venait de prendre conscience de la gravité de son acte.

37

ANDREW N'AVAIT PAS OSÉ S'ASSOUPIR. Il aurait eu trop peur d'écraser le bébé couché près de lui. Il s'était levé deux fois pendant la nuit pour lui faire un biberon et la changer. À présent, il était épuisé et, assis devant la table de la salle à manger, il luttait pour ne pas s'endormir sur son dossier.

Incapable de se concentrer, il rassembla ses documents et décida de remettre son travail à plus tard. Si seulement la mère de la petite lui avait confié ses intentions, il aurait pu prendre ses dispositions, mais l'incertitude dans laquelle elle l'avait laissé le déroutait totalement. Il se rendait compte de la responsabilité qui reposait sur ses épaules. La raison aurait sans doute voulu qu'il aille au commissariat le plus proche, disant qu'il avait trouvé le bébé devant sa porte, ce qui était presque le cas. Personne n'aurait jamais pu savoir qu'il était le père, en supposant qu'il le soit réellement, et rien ne l'obligeait à le garder.

Rien, sauf sa conscience. Car ses incartades ne lui avaient pas fait perdre son sens du devoir. Cette petite fille n'avait pas été déposée chez lui par hasard et si, comme il le pressentait, c'était vraiment la sienne, il ne pouvait pas l'abandonner. Il n'aurait pas été, comme son père, jusqu'à épouser la femme qu'il avait mise enceinte, mais il était prêt à financer l'éducation de sa fille, voire à la reconnaître si la mère le désirait. En attendant, la mère en question n'était pas là, et il savait que si elle ne réapparaissait jamais, hypothèse qu'il commençait à envisager avec angoisse, il allait devoir assumer sa décision et l'élever seul.

* * *

Andrew avait passé une deuxième nuit blanche. Il regarda avec tendresse le bébé endormi, puis appela sa secrétaire. D'une voix mal assurée, il lui annonça qu'il était souffrant et qu'il ne se rendrait pas au bureau ce jour-là. Il ne lui resterait qu'à trouver un médecin conciliant qui accepterait de confirmer ses dires en l'arrêtant quelques jours pour lui laisser le temps de se retourner.

Andrew ne se reconnaissait plus. Pour la première fois de sa carrière, il avait fait passer son travail au second plan. Mais en constatant que la petite avait sali son pyjama, un immense découragement s'abattit sur lui. Tout se bousculait dans sa tête et il n'avait aucune idée de la façon dont il devait s'y prendre pour organiser la vie de l'être qu'il commençait à considérer comme son enfant. L'image d'Isabelle fit soudain irruption dans son esprit et il se rendit compte, étonné, que depuis l'arrivée de ce bébé il n'avait pas pensé à elle. Les vœux de sa lettre qu'il connaissait par cœur s'étaient réalisés ; et pourtant, il avait l'impression de l'avoir trahie.

38

IL ÉTAIT PLUS DE MINUIT et, tel un zombie, Agnès errait dans leur petite maison joliment décorée qu'elle commençait à prendre en horreur. En arrivant, elle avait été saisie par un nouvel accès de fureur et, sentant qu'elle allait tout dévaster, en particulier la chambre d'enfant, elle s'était précipitée dans la salle de bains pour avaler les petites pilules qu'elle avait conservées en cas de rechute.

Elle refusa d'aller se coucher tant qu'elle n'aurait pas eu l'agence d'adoption au téléphone. Antoine estimait que ce n'était pas une bonne idée, car il ne voyait pas comment, assommée par les barbituriques, elle allait être capable de leur expliquer la situation de manière cohérente. Quant à lui, il ne maîtrisait pas suffisamment l'anglais pour pouvoir soutenir une conversation au téléphone. Après avoir essayé d'argumenter d'une voix pâteuse, Agnès finit par s'endormir sur le canapé du salon. Antoine la recouvrit d'une couverture. Même le sommeil n'avait pas réussi à détendre le visage crispé d'Agnès. Il se demanda pourquoi la malchance s'acharnait sur eux, réduisant leur bonheur à un mirage qui disparaissait dès qu'ils s'en approchaient. Il pensa à cette petite fille de deux mois, abandonnée par sa maman, à qui ils auraient eu tant d'amour à offrir et qui avait disparu. Était-elle restée dans son pays ? Y était-elle retournée ? Avait-elle été confiée à d'autres parents adoptifs ? Il imagina même le scénario ridicule de l'enlèvement. Il n'eut pas le courage d'aller se coucher seul car, il le savait, il n'arriverait pas à dormir ; alors il s'assit près de sa femme dans un fauteuil où, au petit matin, il finit par s'assoupir d'épuisement.

Il faisait déjà grand jour quand, perclus de douleurs, il ouvrit un œil. Agnès dormait encore. Elle n'avait visiblement pas bougé et Antoine, un peu inquiet, la soupçonna d'avoir eu la main lourde sur les médicaments la veille au soir. Lui-même était totalement abattu. Il ne se sentait pas la force de se soumettre aux questions bienveillantes de ses clients qui lui demanderaient des nouvelles de Julie. Bien qu'ils eussent été très discrets sur le sujet, la rumeur avait, une fois de plus, fini par l'emporter et tout le monde dans le quartier était au courant de l'arrivée prochaine de leur fille adoptive. Le magasin resterait fermé ce jour-là.

Il était 10 heures du matin et Agnès n'était toujours pas réveillée quand Antoine entendit sonner à la porte. Peu enclin à recevoir de la visite, il se décida bon gré mal gré à aller ouvrir et ce fut une bonne surprise :

— Franck ! Comment vas-tu, vieux ?

Bronzé, athlétique, son éternelle dent de requin passée sur un cordon de cuir autour du cou, Franck était toujours aussi beau garçon. Chaque fois qu'il revoyait son ami, Antoine se demandait comment Agnès, que tous les hommes de l'école de photo se disputaient, avait pu le préférer à ce play-boy. Amusé, il constata qu'il avait cédé à la mode masculine des permanentes et arborait une coupe afro, où il avait négligemment planté une paire de lunettes de soleil.

— Ben dis donc, tu n'as pas très bonne mine, répliqua Franck. T'as besoin de vacances, toi. D'ailleurs, tu ne bosses pas aujourd'hui ? Je suis passé à la boutique et je n'étais apparemment pas le seul à être déçu de trouver la devanture baissée. Bon, tu m'offres un jus ou je campe dans le couloir ? Agnès n'est pas là ?

Au moment où il allait entrer dans le salon, Antoine l'attrapa par le bras et l'entraîna vers la cuisine.

— Viens par là, Agnès dort sur le canapé du salon.

— Mince, qu'est-ce qui se passe ? Vous êtes en crise ? C'est cette histoire de gosse, forcément, je me doutais bien que ça finirait par péter entre vous à cause de ça !

— Tu n'y es pas du tout, Franck. Je vais t'expliquer, dit-il en actionnant la machine à café.

Ils prirent place côte à côte sur l'un des bancs en pin qui entouraient la table de la cuisine et Antoine lui raconta les derniers épisodes de leur triste aventure. Photographe-reporter sur l'Afrique, très souvent absent de France, Franck était un célibataire endurci. Le récit d'Antoine terminé, il se passa la main sur la figure et fit une moue.

— Vous n'avez vraiment pas de bol ! Ça fait combien de temps que ça dure, cette galère ?

— Dix ans, répondit Antoine, ça fait dix ans qu'on espère avoir un enfant.

— Non mais tu te rends compte ?

Antoine hocha la tête d'un air impuissant. Puis il eut une idée :

— Tiens, au fait, Frankie, tu tombes bien. Tu maîtrises toujours aussi bien l'anglais ?

— Comme quelqu'un qui ne le parle qu'avec des Africains.

— Je ne te demande pas d'employer l'anglais d'Oxford, c'est pour des Coréens. Le tout est de te faire comprendre et de les comprendre aussi.

— L'accent n'est pas vraiment le même mais je vais faire de mon mieux, répondit-il en souriant. Tu veux que j'appelle ton agence d'adoption, c'est ça ?

Antoine tendit à Franck le téléphone sans fil et la lettre leur annonçant la venue de Julie. Il y était apposé un tampon sur lequel figurait, près de l'adresse, un numéro de téléphone à Séoul. Franck composa le numéro et Antoine observa d'un air inquiet les mimiques de son ami qui fronçait les sourcils puis les relevait en signe d'étonnement. Il raccrocha sans avoir prononcé un mot.

— Je suis tombé sur un message enregistré, en coréen. On ressaiera plus tard.

Antoine se frotta les yeux puis se prit la tête entre les mains :

— Je suis vraiment fatigué, Franck. J'ai peur de ne pas tenir le coup.

— Pourquoi tu ne retournes pas voir une assistante sociale pour vous aider ? demanda Franck en lui passant le bras autour des épaules.

— Celle qui s'est occupée de notre dossier n'a rien pu faire pour nous, dit Antoine en secouant la tête. On est trop vieux pour adopter un bébé en France et elle nous a seulement dit de nous tourner vers l'adoption internationale. Et puis pour être honnête, je n'ai plus la force de me battre.

— Alors laisse tomber…

Antoine le fixa, effaré.

— Quoi ? Laisser tomber après tout ce qu'on a subi ?

— Justement, Antoine ! Vous en avez assez bavé comme ça. Y a un moment où il faut savoir dire stop.

— Impossible !

— Antoine ! Vous avez déjà perdu dix ans de votre vie, tu veux continuer jusqu'où comme ça ? Si on n'arrive pas à les avoir au téléphone, vous allez leur écrire. La lettre va mettre des semaines à arriver, le temps qu'ils y répondent, il va encore s'écouler des semaines aussi, si toutefois ils le font car tu sais un peu comment ça se passe avec ces agences. Une fois que les enfants ont quitté le pays, *ciao* ! Et pendant ce temps-là, vous allez continuer à mettre votre vie entre parenthèses, à espérer, à souffrir… et à vieillir. Parce que je ne veux pas te faire de peine, mais vous avez pris un sacré coup de vieux avec ces histoires. Je pense vraiment, et c'est l'ami de longue date qui te parle, qu'il est temps que vous passiez à autre chose. Je vous aime trop tous les deux pour vous laisser encore vous détruire.

— Agnès n'acceptera jamais de renoncer.

— On n'a qu'à lui dire que l'agence était bidon. On en a entendu des scandales là-dessus. Que vous vous êtes fait avoir, et que Julie n'existe pas.

— Je ne pourrai jamais lui dire une chose pareille.

— Qui sait si ce n'est pas la vérité ?

Antoine ne répondit pas. Même s'il ne voulait pas l'admettre, il savait que son ami avait raison. Ils avaient quarante-deux ans et étaient au bout du rouleau.

— Tiens, maintenant que j'y pense, on a un photographe qui vient de nous lâcher. Accident de moto, il s'est cassé en mille morceaux et en a au moins pour six mois d'hosto, plus la rééducation. On cherche quelqu'un pour le remplacer. Si je parlais de toi au directeur du journal ? Tu te souviens quand on s'est rencontrés, vous vouliez parcourir le monde avec votre appareil photo, avec Agnès.

— C'est loin tout ça, maintenant.

— Moi, je pense que ce serait l'occasion pour vous de tourner la page. Réfléchis et parles-en à Agnès. On part dans deux mois.

— Tu veux bien essayer d'appeler encore une fois ?

Franck soupira en se disant que, pour l'Afrique, ce n'était pas gagné. Il composa le numéro et lui fit comprendre d'un signe de tête que c'était toujours le répondeur.

Agnès apparut dans l'embrasure de la porte et Franck eut un choc en la voyant. Son amie n'était plus que l'ombre d'elle-même. Il foudroya Antoine du regard : sa femme était en péril et il devait l'empêcher de s'enfoncer davantage.

39

DANS LE TRAIN QUI TRAVERSAIT LA CAMPAGNE, les pensées de Andrew défilaient aussi vite que le paysage qu'il observait à travers la vitre. Sur le siège près de lui, sa fille dormait dans un couffin. Il n'avait toujours pas réussi à lui donner un prénom et comptait sur sa cousine pour l'aider. Dans son désarroi, il s'était tourné vers elle à nouveau et, une fois de plus, elle lui avait tendu la main. Armelle, qui comptait tant pour lui à présent, et qu'il n'aurait jamais rencontrée sans l'initiative d'Isabelle. Comme il aurait aimé pouvoir revenir en arrière ! Ce brusque désir de paternité, cette obsession subite, ce besoin impérieux d'avoir un enfant qui soit la chair de sa chair. Tout était clair à présent dans l'esprit de Andrew et il pâlit de honte quand il revit leur dispute qui avait été, il l'avait compris ensuite, l'élément déclencheur de leur rupture.

Il détourna son regard de la fenêtre et le dirigea vers le bébé minuscule, qui, imperturbable, se laissait bercer par la cadence régulière du train. Il était prêt à tout abandonner pour cette enfant sans maman qui avait débarqué dans sa vie au mauvais moment, mais il ne savait pas comment s'y prendre. Il n'avait pas osé retourner voir la pharmacienne qui l'avait si gentiment conseillé au début, de peur d'attirer les soupçons. Il ne connaissait pas la loi française, mais il se doutait qu'il n'avait pas le droit de garder ce bébé sans une décision de justice et il ne voulait pas prendre le risque d'être accusé de rapt d'enfant.

Armelle, elle, ne s'était pas posé la question. Après avoir écouté attentivement l'histoire abracadabrante de son cousin, avec la bienveillance qui la caractérisait, elle lui avait aussitôt proposé de prendre la petite chez elle pour lui laisser le temps de s'organiser. En descendant sur le quai avec le couffin à la main, il aperçut Armelle qui l'attendait avec son propre bébé dans les bras. Et dire que, lorsqu'elle lui avait annoncé sa grossesse, il lui avait rétorqué avec amertume que l'enfant qu'elle portait n'aurait jamais de cousine. La vie était vraiment pleine de surprises.

Armelle parut étonnée de la taille du bébé qu'elle n'imaginait pas si jeune. Elle convoqua aussitôt un ami pédiatre pour une visite complète et une évaluation de son âge. Andrew tint à déshabiller lui-même le bébé et, lorsqu'il souleva fièrement la compresse pour montrer au médecin la bonne cicatrisation du cordon ombilical, ce dernier eut un geste d'étonnement en voyant qu'il n'était toujours pas tombé. Il se tourna vers lui, les sourcils froncés :

— Cette enfant a moins d'une semaine. Depuis quand est-elle avec vous ?

— La maman me l'a déposée samedi.

Au moment où il prononça ces mots, il se rendit compte que ce qu'il avait expliqué à sa cousine et au médecin concernant les origines de l'enfant n'était en fait qu'une supputation, car au fond, il n'était même pas sûr que la jolie brune aux yeux violets fût la mère.

— Vous avez pris de gros risques en la gardant, lui fit remarquer le pédiatre.

— Je t'assure que mon cousin a pris toutes les précautions nécessaires, intervint Armelle qui avait remarqué le tressaillement de Andrew. Il s'est aussitôt rendu avec elle à la pharmacie où on lui a donné des indications qu'il a suivies à la lettre.

Après un examen approfondi, le pédiatre déclara :

— En effet, vous vous en êtes plutôt bien sorti. Ce bébé est en parfaite santé.

Puis, laissant Andrew rhabiller sa fille, il alla s'asseoir derrière son bureau pour remplir le carnet de santé vierge qu'il s'était procuré. Connaissant l'histoire, ou plus exactement le manque d'histoire de la petite, il savait que des données manqueraient, comme l'heure et le lieu de l'accouchement, mais ils allaient s'efforcer de compléter le reste avec le plus de précisions possibles.

— Comment s'appelle-t-elle ?

Interloqué, Andrew vit les deux paires d'yeux braqués sur lui en attendant sa réponse et il se sentit pris en défaut. Il donna le premier prénom qui lui vient à l'esprit : celui qu'Isabelle et lui avaient choisi pour leur future fille.

— Élise, répondit-il, Élise Thomson.

Il ne savait pas comment il allait pouvoir garder légalement cette enfant dont il ignorait tout ; mais, en prononçant ces mots, il eut l'impression d'avoir enfin obtenu son statut de père.

40

ISABELLE SE TERRAIT CHEZ ELLE. Elle avait peur. Peur de se faire démasquer, peur de se faire arrêter, peur de finir en prison. Son frigo était vide, mais de toute façon elle n'avait pas faim. Elle se contentait de grignoter les quelques biscuits et les trois paquets de chips qui traînaient au fond de son placard. Elle avait encore des pâtes et quelques boîtes de conserve. L'essentiel, c'était que Julie ne manque de rien.

Dès le deuxième jour, elle avait repéré la pharmacie de garde à dix kilomètres de chez elle et avait quitté le village endormi pour aller s'y approvisionner. La pharmacienne l'avait regardée bizarrement en la voyant débarquer au milieu de la nuit avec un bébé pendu à son cou, juste pour acheter du lait et des couches. Isabelle s'en moquait éperdument. Au moins, elle était venue incognito. Elle avait pris soin de régler en liquide pour ne pas laisser de traces et avait garé sa voiture un peu plus loin, pour ne pas qu'on remarque sa plaque d'immatriculation. Au retour, elle avait éclaté d'un rire nerveux : voilà qu'elle se comportait comme un bandit en cavale.

Il lui restait encore une semaine avant le retour de Chantal. Plus le temps passait et plus elle craignait de lui annoncer la nouvelle. Elle n'était plus du tout sûre que Chantal soit compréhensive et, par moments, elle se demandait même si, pour protéger son association, cette dernière n'irait pas jusqu'à la dénoncer. Parfois, elle essayait de se ressaisir, de se dire qu'elle était en train de devenir complètement paranoïaque, mais elle sentait le piège, dans lequel elle s'était jetée en toute innocence, se refermer sur elle. Quand elle y pensait, sa respiration s'accélérait, son cœur s'affolait, la sueur inondait son corps. Seule Julie parvenait à calmer ces attaques de panique. La vue de l'enfant l'aidait à se raisonner, à lui rappeler qu'elle avait sa vie entre ses mains.

Un rayon de soleil traversa le haut vitré de la porte d'entrée, apportant un peu de lumière naturelle dans son antre. Les festivités estivales n'allaient pas tarder à commencer et elle redoutait que l'on vienne frapper à sa porte, aussi prenait-elle soin de bien garder les volets fermés afin qu'on la croie absente comme prévu. Elle avait dû renoncer au dernier moment à son projet de voyage. Corinne et Stéphane devaient être à La Réunion à l'heure qu'il était. Elle les imagina en pleine nature, grimpant les chemins escarpés pour atteindre le cirque de Mafate, dormant dans les refuges, se baignant au milieu des poissons multicolores dans une mer translucide. Elle n'avait pas osé donner à Corinne la véritable raison de son annulation. Ses congés supprimés au dernier moment suite à de trop nombreux malades dans le service, elle savait que son amie n'y avait pas cru une seconde ; ce n'était ni la saison des grippes, ni celle des gastros, et puis Isabelle n'aurait pas été obligée de s'y plier. Mais elle ne regrettait pas de lui avoir caché la vérité. Corinne était sa meilleure amie et elle ne voulait surtout pas l'impliquer dans son délit en en faisant sa complice.

À présent, enfermée chez elle dans le noir, elle se sentait abandonnée. Elle pensa à ses parents avec tristesse. Elle ne les avait pas vus depuis si longtemps ! Ils approchaient les quatre-vingts ans et étaient au bout de leur vie à présent. Elle n'avait pas imaginé un instant leur amener Julie.

Savoir que leur fille avait enlevé une enfant, même sans le vouloir, les aurait tués, elle en était sûre. Elle conclut avec résignation qu'elle n'avait absolument personne auprès de qui se réfugier et qu'elle devait continuer seule son purgatoire.

Les jours qui coulaient semblaient identiques, mais au fond, ils étaient différents. Julie, d'une sagesse exemplaire, ne pleurait quasiment jamais, comme si elle essayait de se faire oublier pour ne pas être abandonnée de nouveau. Elle prenait une place de plus en plus importante dans le cœur d'Isabelle qui commençait à redouter la séparation. Alors qu'au début, elle espérait de toutes ses forces un appel de ses parents, à présent, elle se surprenait parfois à souhaiter le contraire. Pourtant elle n'était pas sans savoir que si les parents ne refaisaient pas surface, elle ne pourrait pas la garder et qu'elle devrait la laisser retourner à l'orphelinat. Elle ne supportait pas cette éventualité qui lui brisait le cœur. Si la raison n'avait pas pris le dessus, elle aurait fui avec elle.

41

UNE VOIX RÉVEILLA AGNÈS EN SURSAUT. Elle ouvrit les yeux, la tête toujours posée contre l'épaule d'Antoine, et jeta un regard vitreux sur le gardien de la paix qui se tenait à l'entrée du bureau. Reprenant peu à peu ses esprits, elle consulta sa montre : ils étaient dans la salle d'attente du commissariat depuis presque une heure.

Enfin, obéissant au signe de l'agent de police qui les invita à entrer, ils se levèrent. Agnès tenait à peine sur ses jambes et dut s'accrocher au bras d'Antoine pour ne pas vaciller. Devant l'urgence de la situation et l'imminence d'une nouvelle dépression, le médecin lui avait administré un traitement de choc et elle aurait bien passé son temps à dormir. Elle avait pourtant tenu à accompagner Antoine pour faire une déposition sur la disparition de Julie.

Un policier en uniforme d'une trentaine d'années les fit asseoir et prit place de l'autre côté d'une table sur laquelle il avait posé son képi, près d'une machine à écrire. Il se cala au fond de son siège et les regarda d'un air désabusé. Sur un coin de son bureau, s'entassaient des liasses de papier, divers procès-verbaux et autres plaintes qu'il avait tapés depuis le matin, sujets sans intérêt, très loin de la motivation qui l'avait poussée à passer le concours.

— Bon, alors, c'est pour quoi ?

— Notre fille a disparu, dit Antoine.

Le policier se redressa, soudain intéressé par le sujet qui le sortait de sa routine habituelle. Il prit une feuille de papier et l'inséra dans la machine à écrire en tournant soigneusement le bouton.

— Nom, prénom, adresse, profession…

Antoine s'exécuta et le policier tapa en utilisant l'index de chaque main. Il allait relativement vite malgré sa technique hasardeuse et nota consciencieusement les informations que lui donnaient les parents. Antoine essaya de ne pas se perdre dans les détails mais leur histoire était compliquée et il dut s'y reprendre à plusieurs fois pour être bien compris.

Au bout d'un moment, on frappa à la porte. Un homme en civil, nettement plus âgé, entra. C'était visiblement son supérieur et il paraissait impatient. Il jeta un œil sur le rapport de son collègue et considéra le couple qu'il avait devant lui. Ils avaient l'air de deux zombies, la femme surtout, et leur histoire était complètement abracadabrante. Il avait vu défiler tellement de gens bizarres pendant sa carrière, qu'on ne la lui faisait pas, à lui. Il regarda son jeune collègue d'un air autoritaire et lui dit :

— Arrête de perdre ton temps avec ça. Il y a du monde qui attend à côté.

Agnès, choquée, rassembla ce qui lui restait de forces pour intervenir :

— Mais enfin, vous allez bien faire une enquête pour retrouver notre fille ?

— Votre fille, votre fille, vous dites que vous ne l'avez jamais vue.

— On l'a adoptée.

— Oui, j'ai bien compris. Mais vous n'avez aucune preuve qu'ils l'ont bien envoyée en France. Elle est peut-être encore là-bas… ou elle n'existe tout simplement pas.

Agnès sortit timidement la photo de son sac et la tendit au policier, qui éclata de rire.

— Parce que vous pensez que ça, c'est une preuve ? Si vous saviez toutes les arnaques qu'il y a autour de ces adoptions à l'étranger. Désolé, mais on ne peut rien pour vous. La prochaine fois, essayez d'adopter un petit Français, ça sera plus sûr.

Il s'approcha de la machine à écrire et retira la feuille tapée par le jeune, puis il la déchira. Antoine fit un bond et s'écria :

— Vous n'avez pas le droit de faire ça ! Vous devez prendre notre déposition !

Agnès l'attrapa par le bras et l'entraîna dehors en lui disant :

— Ça ne sert à rien, tu vois bien qu'il ne veut pas nous aider.

Elle n'avait envie que d'une chose : retrouver son lit et dormir.

42

ANDREW ÉTAIT DE RETOUR À PARIS. Il avait laissé la petite Élise aux bons soins de sa cousine et il comptait déjà les jours avant le week-end suivant. Il n'en revenait pas de la rapidité avec laquelle il s'était attaché à ce bébé qui avait fait irruption dans sa vie à peine une semaine plus tôt. Il régla le taxi qui le déposa devant chez lui, puis il s'engouffra dans l'immeuble en accélérant le pas pour éviter la concierge. Elle n'avait certainement pas manqué ses allées et venues avec le bébé et il n'avait aucune envie de se soumettre à son interrogatoire. En entrant dans son appartement, il ramassa le courrier qu'elle avait glissé sous la porte et y jeta un coup d'œil distrait. Une enveloppe rédigée à la main, d'une écriture inconnue, attira son attention. Dès les premiers mots de la lettre, il en devina l'auteure.

Je ne sais pas si, à l'heure où vous lirez cette lettre, le bébé sera encore avec vous, mais au cas où vous auriez décidé de le garder, je voulais vous faire parvenir ces informations. Sans doute avez-vous été assez perspicace pour le deviner : votre brève intrusion dans ma vie aura laissé des traces. En effet, avant de disparaître après que je vous ai offert ma virginité, vous m'avez laissé ce cadeau qui a gâché, entre autres, mon année de terminale. Cette enfant, je n'en veux pas, car outre le fait qu'à dix-huit ans je ne me sente pas encore une âme de mère, elle me rappellerait de mauvais souvenirs. J'ai donc accouché dans le secret, sous le pseudonyme d'Emma, à l'hôpital Cochin le 2 juillet 1985 à 11 h 15 d'une petite fille dont vous êtes le géniteur et que la sage-femme a prénommée Mélissa. Elle a été déclarée née de parents inconnus.

Je joins à cette lettre la carte de visite que m'a remise l'assistante sociale de l'hôpital. Elle m'avait avertie que je disposais de deux mois, à compter de la date de naissance, pour changer d'avis et reconnaître ma fille. Si d'aventure il vous prenait l'envie d'assumer votre rôle de père, vous pourriez la contacter afin qu'elle vous donne la marche à suivre pour légaliser votre paternité, cette lettre en faisant foi. J'ai fait la démarche risquée de vous amener cette enfant dont je venais de signer l'abandon afin de vous la présenter et pour que vous preniez vos responsabilités en connaissance de cause.

Je ne veux en aucun cas vous influencer. Prenez votre décision en votre âme et conscience en sachant que si vous ne la reconnaissez pas, l'enfant sera adoptée dans deux mois par des parents aimants. Quoi qu'il en soit, ni vous, ni elle n'entendrez plus jamais parler de moi.

Sous le choc, Andrew se laissa aller dans le canapé. Cette lettre était un cadeau empoisonné. Elle lui apportait la confirmation de tout ce qu'il avait supposé et le sésame pour garder son enfant dans la légalité, mais elle mettait en exergue son comportement abject envers la jeune fille qui, comme il venait de l'apprendre avec effroi, n'avait que dix-huit ans. La belle dont il ne connaîtrait jamais le prénom avait réussi un tour de maître. En présentant la preuve de sa paternité, il allait devoir afficher ses travers et cacher sa honte.

L'assistante sociale tint à le rencontrer chez lui. S'attendant peut-être à le trouver dans un sordide HLM de banlieue, elle parut étonnée lorsqu'il lui annonça son adresse. Elle était en retard et Andrew qui avait réussi à s'échapper de son bureau commençait à s'impatienter, quand enfin elle sonna à la porte. Elle devait avoir à peu près son âge et il se sentait si mal à l'aise qu'il crut voir de l'hostilité dans son regard. Ils s'installèrent autour de la table et elle attendit que Andrew s'exprime le premier. Très gêné, il essaya de résumer la situation sans se mettre trop en faute :

— Voilà comment les choses se sont passées. Samedi matin, la jeune femme que vous connaissez sous le prénom d'Emma est venue sonner à ma porte avec un bébé dans les bras, qu'elle m'a remis sans prononcer un mot, avant de s'enfuir. J'étais trop interloqué pour réagir. Mais ensuite, en faisant un rapide calcul, j'ai compris que j'étais le père de l'enfant. Nous nous étions rencontrés en boîte neuf mois auparavant et je l'avais ramenée chez moi.

— Comment pouvez-vous être sûr qu'elle n'était pas déjà enceinte quand vous l'avez rencontrée ? Avec une fille qui suit le premier venu dans une boîte, on peut avoir des doutes, non ?

— Elle était vierge, avoua Andrew, embarrassé. Mais je l'ignorais. Le mieux est que je vous montre la lettre qu'elle m'a envoyée. Vous comprendrez.

Il lui tendit la feuille en essayant de déceler ses impressions tandis qu'elle lisait, mais son visage resta impassible et, alors qu'il s'attendait à une réprobation de sa part, elle ne fit aucun commentaire sur lui.

— On s'est toutes demandé pourquoi elle s'était enfuie avec le bébé, alors qu'elle pouvait encore le reconnaître. Je comprends pourquoi maintenant. Elle avait remplacé le bébé par une serviette dans le berceau et quand la puéricultrice s'est rendu compte de sa ruse, elle était déjà partie en taxi. On n'a rien pu faire pour les récupérer et on craignait un infanticide. Son attitude était tellement insensée. L'équipe a vraiment été soulagée quand je leur ai rapporté votre coup de téléphone.

Andrew comprit que son intervention avait certainement évité des sanctions à la puéricultrice qui avait failli à sa tâche en laissant s'échapper la mère avec le bébé et que, de toute évidence, il pouvait garder sa honte pour lui car sa moralité paraissait être le dernier souci de l'assistante sociale, qui lui demanda à brûle-pourpoint :

— Et qu'avez-vous fait de l'enfant ?

— Elle est en sécurité. Je l'ai confiée à ma cousine qui est sage-femme en Normandie et actuellement en congé parental. Je la récupérerai après les vacances, quand je me serai organisé.

— Vous avez bien conscience que vous allez être un père célibataire ? Vous en sentez-vous capable ?

— C'est mon enfant et je l'élèverai seul. Je jouerai le rôle du père et de la mère, comme le font les mères célibataires, ça ne me pose aucun problème. Maintenant dites-moi ce que je dois faire pour la reconnaître.

43

ISABELLE AVAIT ENTAMÉ SA DEUXIÈME SEMAINE de réclusion et il faisait toujours aussi chaud. Les habitants du village étaient dehors pour profiter de la fraîcheur du soir et leurs éclats de voix retentissaient sous ses fenêtres. Elle se revit l'été précédent à leurs côtés et une bouffée de nostalgie lui fit lui monter les larmes aux yeux. Condamnée à rester derrière ses volets clos, elle se sentait prisonnière, et la solitude, ainsi que l'affaiblissement dû à sa mauvaise alimentation, commençaient à jouer sur son moral. Elle savait qu'elle ne pourrait pas tenir jusqu'au retour de Chantal sans se nourrir et qu'elle devait aller se ravitailler. Elle aurait pu sortir seule, expliquant éventuellement aux voisins curieux qu'elle était entre deux voyages, mais elle ne devait surtout pas emmener Julie ; or elle redoutait de la laisser ne fût-ce qu'une demi-heure, et chaque jour elle repoussait l'échéance. Elle était parfaitement au courant qu'à deux mois et demi, un bébé ne risquait pas de tomber de son landau, mais elle craignait qu'elle se réveille pendant son absence et se mette à pleurer.

Elle sentait leurs liens se raffermir de jour en jour. Julie était un bébé particulièrement agréable. L'entendre gazouiller dans son lit ou dans son bain, lui sourire quand elle la changeait, voir ses yeux noirs la dévorer, tout cela la faisait fondre. Chaque rituel était une joie partagée.

Isabelle s'allongea sur le canapé et la coucha à plat ventre sur elle. Julie nicha sa tête dans le creux de son épaule et s'endormit. Elle serait restée des heures ainsi, à respirer son odeur de bébé et sentir son souffle lui caresser le cou. De la musique lui parvint aux oreilles. Elle se souvint alors qu'on était le week-end et en déduisit qu'il y avait une fête, ce soir, au village. Elle ne possédait pas de poste de télévision. Elle préférait occuper ses soirées à lire en écoutant ses disques préférés ; aussi, depuis qu'elle était coupée du monde extérieur, elle oubliait parfois la date. Au bout d'un moment, un peu ankylosée, elle décida d'aller poursuivre sa lecture dans son lit. Elle coucha Julie au passage et malgré le bruit des basses en fond sonore, elle finit par s'endormir.

Quelques heures plus tard, Julie la tira de son sommeil en hurlant. C'était la première fois qu'elle se réveillait en pleine nuit. Isabelle se précipita hors de son lit et, en reconnaissant l'odeur âcre qui se dégageait du landau, elle comprit qu'elle avait vomi. Sans s'inquiéter, elle en déduisit qu'elle avait dû boire son biberon un peu trop vite, comme parfois. Elle la prit dans ses bras. La température de la maison avait bien baissé pendant la nuit. Serrée contre sa poitrine, Julie dégageait une chaleur qui lui sembla excessive. Elle essaya de se rassurer en se disant que ce n'était sûrement qu'une impression. Elle la berça pour calmer ses pleurs et approcha doucement ses lèvres de son front. À son contact, elle comprit qu'il fallait qu'elle arrête de se voiler la face. Il n'y avait plus de doute : Julie avait de la fièvre.

Devait-elle attendre, avec le risque de voir le mal empirer et de mettre la vie de Julie en danger ? Ou devait-elle appeler le médecin, sachant qu'il découvrirait la vérité, au risque d'être arrêtée et Julie remise à l'orphelinat ? Jamais elle n'avait eu à faire un choix aussi difficile, et jamais elle ne s'était sentie aussi seule. Elle choisit le thermomètre comme moyen de trancher. Elle devait fonder sa décision sur des critères concrets. L'importance de sa fièvre était le premier élément pour déterminer la gravité de l'état de Julie. Elle alla le chercher dans l'armoire de la salle de bains. La vue de cet objet, témoin d'une période difficile de sa vie, lui fit un pincement au cœur. Elle l'avait utilisé pour la dernière fois juste avant sa rupture avec Andrew et les derniers mois de leur vie commune défilèrent sous ses yeux, l'emplissant de tristesse.

Elle la coucha sur son lit et lui retira son vêtement taché, puis sa couche. Ensuite elle attrapa ses deux pieds dans une main et souleva doucement ses jambes, comme elle avait appris à le faire pour lui nettoyer les fesses. De l'autre main, elle saisit le thermomètre qu'elle avait préalablement enduit de crème. Isabelle redoutait qu'un geste brusque de Julie ne cassât le tube en verre, mais elle se laissa faire. Le mercure s'arrêta à 38,2 °C. Ce n'était pas beaucoup, et l'image de sa mère s'affolant au moindre bobo aida Isabelle à maîtriser son inquiétude, mais elle prit soudain conscience de la légèreté avec laquelle elle avait agi en gardant ce bébé chez elle sans même avoir dans son armoire à pharmacie de quoi soulager sa fièvre. Elle se demanda comment faire baisser sa température et eut l'idée de lui faire couler un bain tiède. Il fallait de toute façon qu'elle la débarrasse de cette odeur nauséabonde.

Le contact de l'eau sembla lui faire du bien. Soulagée, Isabelle se mit à la savonner et l'arrosa délicatement. Ensuite, elle se hâta de la sécher et de lui enfiler un pyjama en se disant cela allait sans doute passer. En effet, dès qu'elle la recoucha dans des draps propres, Julie se rendormit. Quand Isabelle se rallongea, le jour commençait à poindre et elle ne parvint pas à fermer l'œil.

Un peu plus tard, elle vit que Julie était réveillée et, espérant que tout cela n'avait été qu'une fausse alerte, elle se dépêcha d'aller préparer son biberon. Lorsqu'elle revint vers le lit, elle la trouva bizarre. Elle ne pleurait pas mais émettait des sons rauques qui ressemblaient à des grognements. Isabelle la prit dans ses bras et, à son contact, elle eut un choc : Julie était bouillante. Luttant pour ne pas céder à la panique, Isabelle lui prit à nouveau la température. Le trait rouge n'en finissait pas de grimper. Après quelques minutes, elle retira délicatement le thermomètre et le consulta : 40 °C. Julie qui, d'ordinaire, agitait ses petits membres pendant qu'on l'habillait resta inerte comme une poupée de chiffon.

Isabelle la laissa sur le lit et marcha de long en large dans la maison, le visage entre les mains, cherchant désespérément une solution. Elle ne voulait pas aller à l'hôpital, ni appeler un médecin, car cela reviendrait à se jeter dans la gueule du loup, mais elle n'arrêtait pas de se répéter que si elle ne faisait rien, Julie allait peut-être mourir. Peut-être aussi n'était-ce pas grave, pour un bébé, d'avoir autant de fièvre. Elle ne savait plus quoi faire. Qui dans son entourage connaissait suffisamment les enfants pour l'aider ? Il y avait bien Maryvonne, la nourrice de Stéphane qui habitait à côté, mais Isabelle lui savait la langue trop pendue.

Soudain, elle se frappa le front : comment n'y avait-elle pas pensé plus tôt ? Évidemment, c'était Armelle, sa sauveuse ! Elle prit un sac dans lequel elle jeta pêle-mêle quelques affaires, y ajouta le lait et les couches ainsi que les biberons, puis emmena Julie sur la route de Bayeux.

* * *

Lorsque Armelle ouvrit la porte et qu'elle se trouva face à Isabelle, un bébé dans les bras, elle n'en crut pas ses yeux. La situation frisait le comique. Heureuse néanmoins de revoir Isabelle, dont elle n'avait plus eu de nouvelles depuis la naissance d'Aurore, elle lui ouvrit les bras et, à la façon dont elle s'y jeta, Armelle comprit qu'elle était désemparée. Elle ne put s'empêcher de se demander ce qu'elle avait fait pour qu'ils viennent tous se réfugier chez elle.

Elle remarqua aussitôt que le bébé était fiévreux. Avant même de s'enquérir de quoi que ce soit, elle entraîna

Isabelle à l'intérieur de la maison, puis elle sortit un sachet de poudre qu'elle mélangea à de l'eau et qu'elle versa dans un biberon. Elle le tendit à Isabelle en lui disant :

— Fais-lui déjà boire ça, ça lui fera baisser la fièvre.

Isabelle s'exécuta sans discuter, puis lui laissa l'enfant, le temps d'aller chercher ses affaires dans la voiture. Armelle, gênée, n'osa pas l'en dissuader, sachant que dans quelques jours elle devrait lui dire de partir car Andrew, comme chaque week-end, viendrait voir sa fille. Par chance pour Isabelle, il n'avait pas pu se libérer cette fois-ci.

Elle était un peu lasse. S'occuper de deux bébés si rapprochés mais qui n'avaient pas le même rythme était très fatigant, d'autant qu'elle ne voulait pas négliger ses fils âgés respectivement de sept et huit ans et qui débordaient d'énergie. Elle aurait été tentée de reprocher à Isabelle d'avoir débarqué à l'improviste sans lui laisser le temps de s'organiser, mais la lueur angoissée qu'elle avait vue dans ses yeux lui fit garder le silence. Les garçons, qui, depuis l'arrivée de leur petite sœur, occupaient à présent la chambre du haut, descendirent l'escalier quatre à quatre. Ils avaient entendu du bruit et s'exclamèrent en voyant Julie dans les bras de sa mère :

— Oh non ! Encore un bébé ! C'est un garçon au moins ?

— Je ne pense pas, répondit Armelle amusée. Vous êtes en minorité maintenant.

— C'est une autre cousine ? demanda le plus jeune au moment où Isabelle rentrait dans la pièce.

Celle-ci regarda Armelle, perplexe.

— Je t'expliquerai, lui dit Armelle avec un clin d'œil.

Elle feignait la désinvolture, mais elle se demandait comment elle allait bien pouvoir lui présenter les choses.

— Allez goûter, les garçons, c'est prêt, s'empressa-t-elle de dire à ses fils, pour les éloigner et éviter qu'ils ne fassent une nouvelle gaffe.

Oubliant déjà Julie, les deux gamins se dirigèrent en sautillant vers la cuisine où des tartines de confiture les attendaient.

Armelle conduisit son amie dans la salle de bains et, tandis qu'elle remplissait la baignoire en plastique, des cris de nourrissons résonnèrent dans le couloir. Armelle s'éclipsa, laissant Isabelle s'occuper de Julie, et la retrouva quelques instants plus tard dans le salon, tentant de faire boire à l'enfant un biberon dont visiblement elle ne voulait pas.

— Tu devrais laisser tomber et la recoucher, conseilla Armelle. J'ai un ami pédiatre, je lui demanderai de passer ce soir.

Le cœur d'Isabelle fit un bond. Voilà qu'elle se retrouvait confrontée au même problème. Elle leva la tête vers Armelle, résolue à lui dire la vérité, quand elle remarqua le bébé qu'elle portait dans ses bras. D'après ses calculs, Aurore, la fille d'Armelle, devait avoir quatre mois à présent, soit deux mois de plus que Julie ; or l'enfant qu'elle tenait contre elle était à peine plus grand qu'un nouveau-né. Elle regarda Armelle d'un air interrogateur et vit son regard fuyant. Elle réfléchit à toute allure et calcula qu'elle avait quitté Andrew quinze mois plus tôt. Cette histoire de cousine, tout à l'heure, et l'air gêné d'Armelle... Isabelle porta la main à sa bouche en étouffant un petit cri. Tandis qu'elle observait le bébé, ses yeux se remplissaient de larmes. Le cœur brisé, elle se dit qu'il n'avait pas été long à la remplacer. Armelle était désolée, elle commença à lui dire « Ce n'est pas ce que tu crois », mais Isabelle l'arrêta d'un geste de la main. Elle se leva, coucha Julie dans le landau, puis sortit dans le jardin en éclatant en sanglots.

Soudain, elle prit conscience que si la fille de Andrew était ici, c'était qu'il devait être en vacances dans le coin. Paniquée, elle se dit qu'elle devait partir immédiatement. Elle n'aurait pas le courage de le croiser et de rencontrer sa nouvelle compagne. Alors elle repensa à Julie qui était malade et qu'elle ne pouvait pas emmener voir un médecin et, désespérée, elle se remit à pleurer de plus belle.

44

Isabelle était assise sur la pelouse, la tête entre les mains, quand une voix masculine la fit sursauter :

— Isabelle ?

Elle releva son visage déformé par les pleurs et vit Serge, le mari d'Armelle, qui la regardait, consterné. Il lui demanda :

— Mais qu'est-ce que tu fais là ?

La dernière fois qu'ils s'étaient parlé, c'était lors de son séjour avec Andrew. À ce souvenir, Isabelle ne put empêcher ses larmes de jaillir à nouveau et elle balbutia :

— Je suis désolée, je ne voulais pas vous embarrasser, je vais partir.

Puis elle se leva et le suivit dans la maison où Armelle était en train de jongler avec les cinq enfants. Isabelle, honteuse, se précipita pour la soulager de Julie. Elle était beaucoup moins chaude et ses yeux avaient retrouvé leur éclat. Isabelle regarda Armelle et, pour la première fois, elle sentit de l'irritation dans le ton de sa voix lorsqu'elle lui dit :

— Quand tout ce petit monde sera couché, il faudra qu'on se parle.

Sans oser prononcer le nom de Andrew, Isabelle demanda, en désignant Élise :

— Il ne revient pas la chercher ?

Armelle comprit qu'elle n'avait pas eu besoin d'évoquer son cousin pour qu'Isabelle devine l'origine du bébé.

— Il ne sera là que le week-end prochain.

Les enfants s'étaient enfin endormis. Profitant des températures estivales de cette mi-juillet, Armelle et Isabelle s'installèrent sur la terrasse. Serge se retira par discrétion, laissant les deux femmes retrouver leur complicité, née à ce même endroit, quatre ans auparavant. Avant d'aborder le sujet délicat de Andrew, Armelle s'inquiéta de la santé de Julie :

— On va voir comment elle va passer la nuit, mais je te conseille vraiment de la montrer à mon ami demain. Depuis quand est-elle en France ?

— Depuis, heu... quinze jours, à peu près, balbutia Isabelle, dont le visage s'était subitement empourpré.

— Tu l'as bien emmenée faire une visite chez le pédiatre en arrivant ? Parce que j'imagine que c'est toi qui es allée la chercher, demanda Armelle de plus en plus intriguée.

— Oui, c'est moi qui suis allée la chercher à Séoul, répondit Isabelle, ignorant la première question. Tu ne vas pas me dire toi aussi que ces enfants venus d'ailleurs risquent de nous rapporter des maladies tropicales ?

— Isabelle ! Le danger n'est pas pour nous, mais pour eux ! Ces enfants sont plus vulnérables car ils n'ont pas été protégés par leur mère contre des maladies qui n'existent pas dans leur pays et ils doivent être surveillés et correctement vaccinés.

À la lueur d'effroi qu'elle perçut dans son regard, Armelle comprit qu'elle ne l'avait pas fait.

— Armelle, je ne sais pas ce que tu vas penser de moi, peut-être que tu me jetteras dehors quand tu le sauras, mais j'ai fait quelque chose de terrible et il faut que je te le dise.

— Terrible ? C'est-à-dire ? demanda Armelle avec surprise.

— Cette enfant, je ne l'ai pas adoptée, avoua-t-elle.

— Ah ! fit Armelle, un peu rassurée.

Le ton dramatique qu'avait employé son amie lui avait presque fait imaginer un crime. Elle savait que l'adoption internationale n'était pas très bien encadrée et qu'il était possible d'adopter un enfant seulement après l'avoir fait venir en France. Pensant que son délit avait été de la faire entrer de manière illégale, elle lui demanda :

— Mais comment as-tu fait pour la cacher à l'arrivée ?

— Je n'ai pas eu besoin de la cacher, on a passé le contrôle de police en toute légalité.

Armelle ne comprenait plus. Sans la quitter des yeux, elle attendit ses explications.

— J'étais chargée par une association à laquelle j'appartiens de ramener Julie et de la remettre à ses parents adoptifs, comme je l'ai déjà fait plusieurs fois pour d'autres enfants. Mais les parents n'étaient pas à l'arrivée et au bout de deux heures, ils n'étaient toujours pas là.

— Isabelle, ne me dis pas que tu as enlevé cette enfant ! s'écria Armelle, horrifiée.

— Pas du tout ! Enfin, ce n'était pas du tout mon intention. On était épuisées, je l'ai juste ramenée chez moi en attendant que ses parents se manifestent. Ils ne répondaient pas au téléphone. J'avais laissé mon numéro à une collègue du comptoir. Personne ne m'a jamais appelée. Je n'ai pas bougé de chez moi, pourtant.

— Attends, tu es en train de me dire que ce bébé qui ne t'appartient pas est chez toi depuis quinze jours ? Si ce n'est pas un enlèvement, tu appelles ça comment, toi ?

— Mais je n'ai jamais eu l'intention de la garder… Seulement, quand j'ai pris conscience des risques que j'encourais, j'ai paniqué. Je me suis sentie piégée.

— Mais tu n'as pas essayé de les rappeler ?

— Tu ne vas pas me croire, mais j'ai perdu l'enveloppe qui contenait leurs coordonnées. Dans la précipitation et avec la fatigue, j'ai dû la laisser tomber à l'aéroport sans m'en rendre compte.

— Tu n'as pas cherché un autre moyen de contacter les parents ? Je ne sais pas, moi, par le biais de ton association ? Ils sont au courant au moins, que tu ne leur as pas remis l'enfant ?

— Ben non, fit Isabelle, penaude.

— Comment ça, non ? Mais tu es complètement inconsciente ou quoi ? Tu sais ce que ça coûte, un rapt d'enfant ? En plus, tu débarques chez moi, comme ça... Je veux bien t'aider, mais il ne faut pas aller trop loin non plus. Pourquoi n'as-tu pas appelé ton association ?

— Je n'ai pas pu joindre la présidente. Elle est à l'étranger jusqu'à mercredi. J'ai l'intention de le faire dès son retour.

— Honnêtement, je crois peu probable que des parents adoptifs aient renoncé à venir récupérer leur enfant. À mon avis, ils ont eu un empêchement et ils sont sûrement en train de la chercher à l'heure qu'il est. Peut-être que ta collègue ne leur a pas remis ton numéro. Tu le lui as demandé ?

— Je n'ai pas ses coordonnées.

Armelle soupira en levant les yeux au ciel.

— Il faut absolument que tu te débrouilles pour trouver les coordonnées des parents et que tu réussisses à les contacter avant qu'il ne soit trop tard, Isabelle. Ils n'ont certainement pas encore porté plainte car si une enquête avait été ouverte, un avis de recherche aurait été lancé et il serait facile de remonter jusqu'à toi. Mais rien ne dit qu'ils ne le feront pas.

— Mais s'ils me dénoncent quand même à la police ?

— À toi de les convaincre, mais je ne vois vraiment pas leur intérêt à le faire. De deux choses l'une, analysa Armelle. Ou cette enfant, ils n'en veulent plus, et alors peut-être qu'ils te la laisseront, le temps de faire les démarches pour que tu puisses l'adopter à leur place. Ou ils sont désespérés de l'avoir perdue et, dans ce cas, ils seront tellement heureux que tu la leur ramènes qu'ils ne penseront qu'à te remercier.

Isabelle sentait toujours le spectre de la prison planer sur elle, mais elle voulait absolument mettre un terme à cette situation et les paroles d'Armelle l'avaient réconfortée.

— Je suis désolée de t'avoir impliquée là-dedans. J'ai paniqué quand j'ai vu que Julie était malade et que je ne pouvais pas l'emmener chez le médecin. Chantal rentre dans trois jours, je l'appellerai.

— Ça me paraît être la solution la plus sage. En attendant, on va bien s'occuper de Julie, ne t'inquiète pas.

Fatiguées, elles allèrent se coucher et, en dépliant le canapé-lit, Isabelle se rendit compte qu'elles n'avaient pas eu le temps d'aborder le sujet de la fille de Andrew. Finalement, elle préférait ne pas savoir.

* * *

Les trois jours étaient passés. La fièvre de Julie n'était plus qu'un mauvais souvenir à présent, mais si la santé de l'enfant avait cessé de la préoccuper, Isabelle était terriblement angoissée à l'idée de devoir appeler Chantal. Comment allait-elle lui présenter les choses ? Quinze jours auparavant, elle lui aurait dit, spontanément, la vérité. Aujourd'hui, elle ne s'en sentait plus le courage. Elle avait trop peur des représailles. Elle décida de passer toute l'histoire sous silence et de simplement lui demander leurs coordonnées. Mais pour cela, elle devrait inventer un prétexte assez crédible pour ne pas éveiller ses soupçons, or elle avait beau se creuser la tête, elle ne trouvait pas. Le mensonge et la dissimulation n'avaient jamais été son fort et, depuis qu'elle pataugeait dedans, elle avait l'impression de s'embourber. Sentant monter son anxiété, elle eut soudain une forte envie d'inspirer une bouffée de nicotine. Peu après avoir quitté Andrew, elle avait arrêté de fumer, mais elle savait qu'elle n'était pas totalement sevrée. Elle avait réussi jusque-là à réprimer son besoin de tabac qui se faisait de plus en plus rare et qui survenait surtout en cas de détresse. En prévision, elle en avait malgré tout laissé un paquet dans la poche extérieure de son sac à main. Elle n'y avait jamais touché pendant les deux semaines où elle avait vécu enfermée avec Julie, mais là, elle sentait que la cigarette serait le seul moyen de l'apaiser.

Elle fit glisser la fermeture Éclair et remarqua une feuille à moitié chiffonnée posée sur le paquet. Intriguée, elle la sortit et, en la reconnaissant, elle poussa un cri de joie. C'était la fiche qu'elle avait sortie de l'enveloppe à l'aéroport et qu'elle avait dû ranger machinalement dans cette poche après son coup de fil infructueux. Elle courut vers Armelle en brandissant le papier au-dessus de sa tête.

— Qu'est-ce qui t'arrive ? Tu as eu la présidente ?

— Plus besoin de l'appeler, exulta-t-elle, j'ai retrouvé leurs coordonnées, regarde !

Armelle fronça les sourcils :

— Je croyais que tu avais cherché partout...

— C'est l'enveloppe kraft que j'ai cherchée. J'étais persuadée d'avoir remis cette feuille dedans. Il ne m'est même pas venu à l'idée de regarder dans la petite poche de mon sac. L'enveloppe, en revanche, est bel et bien perdue. Elle a dû rester dans la cabine téléphonique. Le problème, c'est qu'elle contient tout le dossier d'adoption de Julie...

— Bon, chaque chose en son temps. Tu vas enfin pouvoir les appeler. Tu as déjà réfléchi à ce que tu allais leur dire ?

Isabelle, les yeux fixés sur la feuille, ne répondit pas. Armelle vit qu'elle avait pâli.

— Tu as trouvé quelque chose ?

— Je ne suis pas sûre à cent pour cent, mais je crois que je connais la mère, répondit-elle d'une voix tremblante.

Focalisée sur le numéro de téléphone, elle n'avait pas lu la fiche à l'aéroport, et le nom banal de Guichard qui figurait sur le passeport de Julie n'avait pas attiré son attention ; mais à présent, le voir associé au prénom d'Agnès avait soudain réveillé sa mémoire. Le mot « photographe » dans la rubrique *profession* et l'adresse à Dinan confirmèrent qu'elle ne s'était pas trompée. Agnès et Antoine Guichard ! Il avait fallu que ça tombe sur eux, se répétait-elle, bouleversée. Elle savait qu'après tout ce qu'ils avaient vécu, s'ils avaient fait la démarche d'adopter un enfant, ce n'était certainement pas pour se défiler au dernier moment. Accablée par la culpabilité, elle ne pouvait plus prononcer un mot.

Les paroles désespérées du mari d'Agnès au téléphone lui revinrent : « Si toutefois elle s'en remet. » Isabelle prit conscience avec effroi qu'au moment où Agnès sortait la tête de l'eau, elle la lui avait renfoncée.

Devant le regard insistant d'Armelle, elle se décida à lui raconter sa rencontre avec Agnès à l'hôpital Antoine-Béclère, deux ans plus tôt, en lui expliquant la bienveillance dont cette dernière avait fait preuve à son égard. Elle lui relata ensuite sa conversation téléphonique avec son mari, huit mois plus tard. Armelle l'écouta avec attention. Elle réfléchit un instant puis lui dit :

— Je pense qu'au fond, c'est une bonne chose que tu aies connu les parents adoptifs de Julie avant.

Isabelle la regarda, étonnée. Armelle précisa sa pensée :

— Tu vas pouvoir aller leur rendre une visite amicale et essayer de les faire parler de Julie, de savoir pourquoi ils n'étaient pas présents à l'arrivée et s'ils ont cherché à la récupérer. En fonction de leur réponse, tu aviseras. Tu pourras toujours leur dire que tu es bénévole dans une association qui s'occupe d'adoption et que tu vas tenter de la retrouver.

— Tu te rends compte de ce que tu me suggères ? Après avoir enlevé leur enfant, je vais devoir leur mentir et leur jouer la comédie ? Mais je ne vais plus pouvoir me regarder dans une glace !

— Je pense que c'est une solution inespérée pour te tirer du bourbier dans lequel tu t'es fourrée.

— Je vais aller les voir, accepta Isabelle. Après je jaugerai si je peux leur dire la vérité. Je ne supporterai pas d'être traitée en héroïne quand je leur ramènerai leur enfant.

— Fais comme tu veux, mais méfie-toi quand même. Si ce que tu as fait vient à se savoir, tu risques de tout perdre, y compris ton boulot.

— Je sais, soupira Isabelle.

45

PENDANT LES DEUX HEURES DE ROUTE qui séparaient Bayeux de Dinan, Isabelle imagina tous les scénarios possibles et se prépara à répondre à toutes les questions qu'Agnès pourrait lui poser. Mais au moment de pousser la porte de la boutique, elle sentit son courage l'abandonner. Elle s'apprêtait à renoncer quand elle croisa le regard d'Agnès à travers la vitre – enfin, celle qu'elle supposait être Agnès, car la femme qu'elle avait aperçue n'était pas vraiment celle de ses souvenirs. En deux ans, elle semblait en avoir pris dix. Isabelle essaya de chasser les remords qui l'envahissaient à la pensée du mal qu'elle lui avait fait et entra dans le magasin de photos. Agnès ne sembla pas la reconnaître. Isabelle s'approcha en lui tendant la main :

— Bonjour, je suis Isabelle, on s'est rencontrées il y a deux ans.

— Oui ! Je me souviens ! Dans la salle d'attente à Antoine-Béclère. C'est loin, tout ça ! ajouta-t-elle avec un sourire empreint de tristesse qui fendit le cœur d'Isabelle.

Elle aurait eu envie de la prendre dans ses bras et de la serrer contre elle en lui disant « C'est fini, vous allez enfin l'avoir, votre enfant », mais elle se contenta d'un conventionnel « Comment allez-vous » qui lui écorcha la bouche. Car elle connaissait la véritable réponse. Comment cette femme aurait-elle pu aller bien, alors qu'elle lui avait confisqué son bébé ?

Agnès fit un geste évasif.

— Ma vie a été un peu chamboulée depuis qu'on s'est vues. Et vous ? Allons prendre un verre dans le bar à côté, on sera plus tranquilles pour discuter. Antoine, tu veux bien garder la boutique pendant que je m'absente un moment ? Je te présente Isabelle.

Isabelle lui serra la main sans oser évoquer leur conversation téléphonique, deux ans plus tôt…

* * *

Absorbée par la rondelle de citron qu'elle ne cessait de comprimer dans le fond de sa tasse de thé, Isabelle n'osait pas lever les yeux sur Agnès assise en face d'elle. Elle avait conscience que leur conversation était en train de s'enliser dans des banalités mais elle ne parvenait pas à s'en écarter. La comédie qu'elle avait prévu de jouer à cette femme lui paraissait d'un tel machiavélisme qu'elle ne pouvait s'y résoudre. Elle mourait d'envie de lui dire la vérité. Mais à présent, ce n'était plus la crainte de la prison qui la retenait, c'était celle de la décevoir. Elle ne méritait pas l'amitié qu'Agnès semblait sur le point de lui accorder.

Heureusement, Agnès finit par briser la glace. Elle planta ses yeux bleus dans les siens. Ils étaient cernés et son regard était moins vif qu'autrefois, sans doute l'effet des médicaments et des trop nombreuses larmes qu'elle avait versées. Elle prit son inspiration comme avant un effort et lui demanda sur un ton faussement enjoué :

— Avez-vous réussi à avoir le bébé que vous espériez ?

De cet épisode de sa vie, Isabelle ne parlait jamais. Elle l'avait enfoui dans sa mémoire, avec Andrew et tous les souvenirs douloureux qui s'y rapportaient. Pourtant, cette question lui procura une sorte de soulagement. Comme si évoquer un épisode malheureux allait la rapprocher d'Agnès, atténuer un peu son sentiment de culpabilité envers elle.

— Non. Ça n'a pas marché. Les chances étaient infimes et j'avoue que je n'ai pas eu votre persévérance.

— Ah, fit Agnès d'un air navré. Mais vous avez bien fait de ne pas vous acharner. La chute est trop dure après. Moi, j'ai perdu mon bébé à presque quatre mois de grossesse, lui confia-t-elle à voix basse, comme si elle s'étonnait elle-même d'avoir réussi à prononcer ces paroles.

— Je suis au courant, avoua Isabelle en baissant la tête.

Agnès la regarda, surprise.

— Je vous avais appelée, poursuivit Isabelle, et votre mari m'avait expliqué. Je suis désolée d'avoir laissé passer tout ce temps avant de reprendre de vos nouvelles.

— Bah, tout ça c'est du passé, maintenant, fit-elle avec un geste désinvolte que contredisait le voile posé sur son regard. Heureusement, mon mari m'a beaucoup soutenue. Et votre ami ? Comment prend-il la chose ?

— Nous nous sommes séparés, répondit Isabelle, la gorge serrée.

— Oh, je suis désolée.

— Ce n'est rien, vous ne pouviez pas savoir. Mon ami et moi n'étions plus sur la même longueur d'onde. Depuis, je me suis engagée dans une association. Je vais chercher des enfants adoptés à l'étranger que je ramène en France.

À ces mots, Agnès se figea.

— Avez-vous déjà ramené des petits Coréens ?

Isabelle se sentit très mal à l'aise devant cette question, qu'elle avait pourtant espérée, d'autant plus qu'elle avait remarqué une lueur d'espoir dans les yeux d'Agnès.

— Oui. J'ai convoyé des enfants de toutes nationalités, répondit-elle en essayant de dissimuler les tremblements de sa voix.

— Vous est-il arrivé que des parents ne soient pas présents à l'aéroport ?

Isabelle eut soudain l'impression de perdre pied.

— Pardonnez mon émotion, mais le sort de ces enfants me touche énormément, fit-elle pour justifier son trouble.

Cela me paraît impensable que des parents qui attendaient ce moment depuis des mois, voire des années, puissent se défiler. Ils sont toujours au rendez-vous.

— Mais s'ils n'y étaient pas parce qu'ils avaient eu un empêchement de dernière minute ? Ça peut arriver, quand même ! insista-t-elle. Que feriez-vous de l'enfant ?

— Alors là, vous me posez une colle. Ça serait très ennuyeux, en effet. Je pense qu'il serait confié à la DDASS en attendant que les parents se manifestent. En réalité, je n'en sais rien. Mais pourquoi toutes ces questions ?

— Pour rien, répondit Agnès. Simple curiosité.

Elle hésita un instant, puis elle se reprit :

— Enfin si. J'ai une raison...

Agnès raconta en détail son rendez-vous manqué avec Julie, apportant à Isabelle les éléments qui lui manquaient. Après un instant de silence, elle soupira et reprit d'une voix lasse :

— Si vous saviez comme je m'en veux de ne pas être arrivée à Paris la veille. À l'aéroport, on nous a envoyés sur les roses. Personne n'a voulu nous écouter. La police a même refusé de prendre notre déposition. On a essayé de contacter l'agence d'adoption, mais le numéro qu'on avait était faux et ils n'ont jamais répondu à notre courrier. On ne sait plus vers qui se tourner. C'est un cauchemar.

Isabelle, bouleversée, lutta pour ne pas s'épancher. Elle aurait voulu lui expliquer qu'elle ne comprenait pas pourquoi sa collègue ne lui avait pas communiqué son numéro de téléphone, comme elle le lui avait demandé. Lui demander pardon de l'avoir privée de Julie. Elle n'en eut pas le courage.

— Voulez-vous que je me renseigne ?

Le visage d'Agnès s'éclaira.

— Vous croyez que vous auriez une chance de la retrouver ?

— Je ne sais pas, mais je vais faire tout mon possible. Les listes de passagers ne sont conservées que quarante-huit heures sur nos ordinateurs, mais elles sont archivées sur un fichier central. Je vais me débrouiller pour y accéder.

Vous me donnerez tous les renseignements concernant le vol d'arrivée. Je vais aussi enquêter par le biais de mon association.

Tandis qu'elle énonçait tout cela, elle se rendait compte de la facilité avec laquelle la police aurait pu la retrouver si Agnès et son mari avaient été pris au sérieux, et elle se dit qu'elle avait eu beaucoup de chance.

46

LES OBLIGATIONS PROFESSIONNELLES de Andrew l'avaient empêché de venir passer le week-end auprès de sa fille comme prévu et Armelle avait réussi à convaincre Isabelle de prolonger son séjour d'une semaine. Elles ne seraient pas trop de deux pour s'occuper des trois bébés et des deux enfants. C'était l'heure de la sieste. Tandis que les garçons jouaient calmement dans leur chambre, Isabelle et Armelle s'étaient allongées sur une chaise longue dans le jardin et profitaient du répit que leur laissaient les bébés. Isabelle avait enfin pu faire le compte rendu à son amie de sa visite à Dinan :

— Si tu savais comme je me sens soulagée...

— Ah, c'est sûr que quand je t'ai vue débarquer avec la petite bouillante de fièvre dans les bras, tu n'en menais pas large, répondit Armelle pour la taquiner.

— Elle s'est rétablie rapidement, je trouve.

— Oh, tu sais, chez les nourrissons, c'est souvent comme ça.

— Tu te moques de moi, mais si j'étais dans cet état, ce n'était pas seulement parce qu'elle était malade.

— Tu m'étonnes ! Tu avais juste enlevé un enfant. Rien que ça... Tu sais que tu as vraiment eu de la chance.

— Je sais… Eux, en revanche, n'ont vraiment pas de pot… Les pauvres ! Aussi bien ma collègue de l'aéroport que le flic, personne n'a eu pitié d'eux, et je ne comprends vraiment pas pourquoi. S'ils n'avaient pas été si désespérés, ils auraient sûrement trouvé la force de se battre.

— Oui, c'est dur ! Ils me font vraiment de la peine. Mais ils vont bientôt récupérer Julie. Comment le leur as-tu annoncé ?

— J'ai suivi tes conseils et me suis transformée en imposteur. J'ai dit à Agnès que j'allais faire des démarches pour la retrouver. Je vois encore la lueur d'espoir dans ses yeux, j'en suis toute retournée. Je ne suis vraiment pas fière de moi, tu sais.

— Je comprends ! Un mauvais moment à passer… mais dis-toi que c'était la seule solution pour te protéger.

— Je sais, répondit Isabelle en soupirant. Je vais attendre quelques jours avant de l'appeler pour lui dire que je l'ai retrouvée. Il faut que mon histoire soit crédible, même si je la sens prête à croire n'importe quoi pourvu qu'on lui rende son bébé.

— Oui, ne te précipite pas. Ne va pas te griller au dernier moment. N'oublie pas que son mari est beaucoup plus lucide.

La sonnerie de la porte interrompit leur conversation.

— Tu attends quelqu'un ? demanda Isabelle, toujours sur ses gardes.

— Personne…

— Maman, y a les bébés qui pleurent, cria Guillaume.

— Oh zut, ils ont réveillé les enfants !

— Tu peux aller voir qui c'est, Isabelle ? Je vais essayer de les rendormir.

Isabelle alla ouvrir la porte :

— Marthe ! Quelle bonne surprise !

Elle n'avait pas revu la mère d'Armelle depuis sa première visite, quatre ans auparavant. À part sa coiffure et son style un peu plus apprêté, elle n'avait pas changé.

— Entrez, je vous en prie ! Armelle est en train de s'occuper des bébés.

— Décidément, depuis que je suis arrivée ici, tout le monde m'appelle Marthe, dit-elle en riant. Moi, c'est Jackie.

Isabelle se figea et la regarda, incrédule. Elle avait en face d'elle la dernière personne qu'elle aurait souhaité rencontrer : celle qui avait failli devenir sa belle-mère. Tétanisée, elle la laissa pénétrer dans la maison tandis qu'elle essayait de mettre de l'ordre dans son esprit : la mère de Andrew était à Bayeux et Armelle ne lui avait rien dit. Elle sentit une bouffée de colère lui monter au visage. Elle entra dans la chambre en foudroyant Armelle du regard, se pencha pour prendre Julie qui gazouillait dans son lit puis sortit, sans un mot. Elle avait conscience d'avoir été impolie, mais elle s'était sentie trahie par son amie et elle n'avait plus confiance : qui sait si la mère d'Élise n'allait pas apparaître à son tour ?

Après avoir passé plus d'une heure à ruminer sa rancœur en arpentant le quartier pavillonnaire avec la poussette, elle se décida à rentrer. Julie n'allait pas tarder à avoir faim. À présent qu'elle était calmée, elle regrettait de s'être emportée et se sentait un peu honteuse. Elle ouvrit la porte et s'avança timidement. Il n'y avait personne dans la maison. Soulagée, elle entra directement dans la cuisine pour préparer le biberon. Elle jeta un coup d'œil à travers la porte-fenêtre et aperçut les deux femmes sur la terrasse, en compagnie des enfants. Son regard se posa sur Jackie qui berçait Élise dans ses bras. La mort dans l'âme, elle fut bien obligée d'admettre que celle qui n'avait pas sa place ici, ce n'était pas la mère de Andrew, mais bien elle. Julie calée contre sa hanche, elle testait la température du lait sur le dos de sa main quand Armelle entra dans la cuisine. Elle avait conservé son air serein et, sans aucune trace de ressentiment dans la voix, dit simplement :

— Ah, tu es rentrée !

— Je suis vraiment désolée pour tout à l'heure, répondit Isabelle en mettant la tétine dans la bouche de Julie qui se trémoussait d'impatience. Excuse-moi, je n'aurais pas dû agir comme ça. Mais pourquoi ne m'as-tu pas prévenue ?

— Elle est arrivée chez ma mère il y a trois jours. Je ne pensais absolument pas qu'elle allait débarquer chez moi à l'improviste... Et puis je te ferais remarquer que tu ne voulais plus entendre parler de Andrew.

— Je vais partir, Armelle. Je vais vous laisser en famille.

— Mais non, Isa ! Reste au moins jusqu'à la fin de la semaine ! D'accord, Jackie est un peu exubérante, mais ça fait quarante ans qu'elle vit aux States, alors forcément, ça laisse des traces, dit-elle pour plaisanter. Elle a même américanisé son prénom. Elle s'appelle Jacqueline, tu te souviens ? Mais je t'assure que c'est une femme charmante et elle a très envie de te rencontrer. C'est à toi qu'on doit d'être ensemble en ce moment, ne l'oublie pas ! Elle tient vraiment à t'exprimer sa reconnaissance.

— Pour être honnête, Armelle, je n'ai pas du tout envie de reparler de ça.

Une voix perchée dans les aigus les interrompit :

— Isabeeelle ! Darling ! Comme je suis heureuse de pouvoir faire enfin votre connaissance !

Jackie s'approcha et serra Isabelle dans ses bras, au risque d'étouffer Julie. Surprise par cette familiarité qui allait à l'encontre de l'éducation qu'elle avait reçue, Isabelle eut un mouvement de recul. Puis elle se souvint de ce que venait de lui dire Armelle et elle se radoucit. Elle se raisonna en se disant que Jackie n'était aucunement responsable des actes de son fils. Alors, avec un sourire qu'elle s'efforça de rendre le plus chaleureux possible, Isabelle lui dit :

— *Welcome back in your country*, Jackie.

— C'est grâce à vous, Isabelle, merci de tout mon cœur. Mon fils est vraiment un idiot d'avoir laissé s'échapper une perle pareille ! Vous êtes ravissante, en plus...

Ces derniers mots firent ressurgir le ressentiment d'Isabelle qui ne put s'empêcher de faire remarquer sur un ton un peu acerbe :

— Ma remplaçante doit être largement à la hauteur, elle a mis au monde un très beau bébé !

Jackie jeta un regard surpris en direction d'Armelle, qui écarta les mains en signe d'impuissance, puis se retourna vers Isabelle.

— Andrew ne vous a jamais remplacée, Isabelle. Vous l'avez quitté pour des raisons qui vous regardent, mais votre départ lui a brisé le cœur.

Isabelle commença à se demander si elle n'avait pas tiré de conclusions hâtives.

— Vous essayez de me faire comprendre que l'enfant que vous couvez des yeux n'est pas sa fille ?

— Ne me faites pas dire ce que je n'ai pas dit. Andrew est effectivement le père d'Élise. Mais elle n'a pas de mère.

— Oh mon Dieu ! s'exclama Isabelle en portant la main à sa bouche. Vous voulez dire que…

— Elle n'est pas morte, non. Elle s'est volatilisée.

Jackie raconta l'histoire abracadabrante de la survenue d'Élise dans la vie de Andrew. Après avoir écouté attentivement, Isabelle éclata de rire.

— Alors ça, c'est la meilleure ! Il se retrouve avec une enfant sur les bras…

— Il s'occupe très bien de sa fille, ajouta Armelle pour le défendre.

— C'est pas trop compliqué quand on vit à trois cents kilomètres, fit Isabelle, sarcastique.

— Il rentre tous les week-ends.

— Sauf celui-ci. C'est toi qui vas l'élever, du coup ?

— Pas du tout, ce n'est qu'une situation temporaire.

— Je ne sais pas pourquoi je te pose toutes ces questions, ça ne me regarde pas, après tout. Excusez-moi, il faut que j'aille changer Julie.

Jackie semblait découvrir le bébé qu'Isabelle tenait dans ses bras. Elle lui emboîta le pas et la suivit jusqu'à la salle de bains en lui demandant :

— C'est une petite Coréenne que vous avez adoptée ?

Quelques jours auparavant, cette question l'aurait paniquée. À présent, Isabelle pouvait répondre avec aplomb :

— C'est une petite fille que j'ai ramenée de Séoul, mais ce n'est pas moi qui l'ai adoptée, c'est une amie.

Elle se permit même de s'octroyer un rôle officiel :

— Je suis sa marraine.

— Félicitations, elle est vraiment très mignonne. Si Andrew la voyait…

— Il ne la verra pas ! répliqua Isabelle avec un regard assassin.

Interloquée, Jackie garda le silence. La tension était palpable dans la petite salle de bains, et elle préféra quitter la pièce. En voyant la mine déconfite de sa tante, Armelle l'interrogea :

— Qu'est-ce qui t'arrive ? Ça n'a pas l'air d'aller.

— J'ai fait une bourde, répondit-elle d'un air confus.

— Tu étais avec Isa dans la salle de bains ? demanda Armelle en fronçant les sourcils.

Jackie opina en baissant les yeux.

— Tu ne lui as pas parlé de Andrew, j'espère ?

— Si. Pourquoi ? C'est un sujet tabou, maintenant ?

— Jackie, fit Armelle de sa voix douce, ce n'est pas tabou, c'est seulement douloureux pour Isabelle.

— Mais enfin, si elle souffre elle aussi, pourquoi ne se remettent-ils pas ensemble, bon sang ? s'énerva-t-elle.

— Ce n'est pas à nous d'en juger, et n'essaie surtout pas de jouer les entremetteuses. Nous n'avons pas tous les éléments, et puis ça ne nous regarde pas.

— Excuse-moi, mais tu me permettras de me sentir concernée par le bonheur de mon fils.

— Il ne s'agit pas d'être indifférentes, juste de ne pas nous en mêler.

47

Après le départ d'Isabelle, Agnès retourna au magasin, gonflée d'espoir. Antoine était occupé avec un client et elle avait hâte de lui annoncer la bonne nouvelle. La personne était à peine sortie qu'elle se précipita vers lui, la mine radieuse. Antoine lui sourit :

— Tu devrais dire à ton amie de venir te rendre visite plus souvent, je ne t'ai pas vue l'air aussi heureux depuis longtemps.

— Ce n'est pas vraiment une amie. Ce n'était que la deuxième fois que je la voyais. On s'était rencontrées à Antoine-Béclère. Il paraît d'ailleurs qu'elle t'avait téléphoné quand j'étais hospitalisée.

— Ah, je me souviens. J'étais tellement inquiet pour toi à ce moment-là ! En tout cas ça t'a changé les idées. Ça t'a fait du bien de penser un peu à autre chose qu'à cette histoire d'enfant.

Agnès recula d'un pas et son visage se figea :

— Qu'est-ce que tu racontes ? C'est comme ça que tu parles de Julie ?

— Ma chérie, fit-il en tentant de la prendre dans ses bras. Tu vois bien que tu es en train de te détruire à petit feu avec tout ça !

— Tu n'y es pas du tout ! s'exclama-t-elle en se dégageant brusquement. Et tu gâches tout ! Si je suis contente, c'est justement parce que Isabelle va essayer de retrouver Julie.

— Rien que ça ! Et comment va-t-elle faire ? Elle a des superpouvoirs ?

Agnès leva les yeux au ciel.

— Elle travaille à Air France et elle est bénévole dans une association qui s'occupe du convoyage d'enfants adoptés. Elle-même en fait quelquefois.

— Et alors ? Combien de chances a-t-elle de parvenir à la retrouver ? C'est chercher une aiguille dans une botte de foin !

Agnès sentait une nouvelle force naître en elle et elle était plus déterminée que jamais. Car elle en était convaincue : leur calvaire allait se terminer. Avec tout ce que lui avait dit Isabelle, il était impossible qu'elle ne parvienne pas à la localiser. Et puis s'il fallait retourner à la police, elle y retournerait et s'il fallait aller en Corée, elle irait aussi.

— Elle va y arriver, je le sens.

— Mais qu'est-ce que tu sens ? On n'est même pas sûrs que Julie existe vraiment. Cette agence est peut-être fantôme.

— Antoine, tu ne vas pas t'y mettre, toi aussi ! L'enfant de la personne qui nous a donné leurs coordonnées est bien réel, tu l'as vu de tes propres yeux.

— Je n'en peux plus, Agnès. Ça fait dix ans qu'on attend, qu'on espère pour rien, dix ans qu'on ne vit plus ! Il faut qu'on arrête de s'entêter et qu'on accepte la fatalité : nous n'aurons jamais d'enfant.

Agnès le regarda, interloquée.

— Mais enfin, Antoine…

— Mon amour, il est temps qu'on tourne la page.

Abasourdie, Agnès sortit dans la rue en avançant comme un automate, droit devant elle, tandis que les larmes lui brouillaient la vue. Les phrases d'Antoine lui martelaient la tête : *il faut qu'on arrête de s'entêter, qu'on tourne la page, nous n'aurons jamais d'enfant…*

Antoine marchait de long en large dans la boutique. Il regrettait d'avoir été un peu brutal avec Agnès, mais il était à bout. Il n'y croyait plus, et les paroles de son ami Franck lui revenaient souvent en mémoire : *Vous allez continuer à mettre votre vie entre parenthèses, à espérer, à souffrir... et à vieillir.*

Agnès était partie depuis vingt minutes et il commençait à s'inquiéter de ne pas la voir revenir. Il avait vu son air bouleversé mais elle était sortie sans qu'il ait eu le temps de réagir. À présent, il s'en voulait. Il n'aurait pas dû la laisser s'enfuir. Où avait-elle pu aller ? Surtout dans cet état de détresse...

Il passa la tête à la porte du magasin et aperçut un attroupement au bout de la rue. Un affreux pressentiment s'empara alors de lui et il se mit à courir en laissant tout ouvert. Visiblement, c'était un accident. Les pompiers, déjà sur place, avaient tracé un périmètre de sécurité et l'empêchaient de s'approcher du corps couché sur la chaussée. Il crut reconnaître la silhouette qu'ils étaient en train de charger sur un brancard, avant que la fermeture Éclair de la housse en plastique ne se referme sur son visage. Il bouscula un homme, qui ne cessait de répéter, l'air hagard, « Je n'ai rien pu faire, elle a traversé sans regarder... » et hurla :

— Laissez-moi passer, c'est ma femme !

48

L'ANIMOSITÉ D'ISABELLE à l'égard de Jackie disparut dès l'instant où celle-ci cessa d'évoquer son fils et, pour lui faire plaisir, elle accepta de prolonger de quelques jours son séjour chez Armelle. Elle se laissa rapidement gagner par sa bonne humeur communicative mais Jackie restait avant tout la mère de son ex ; et, si elle n'osa pas refuser son invitation à New York, elle savait qu'elle n'irait pas. Enfin vint le moment des adieux. Isabelle et Jackie s'étreignirent en se promettant de se revoir. Armelle serra Julie contre elle une dernière fois puis elle la tendit à Isabelle qu'elle embrassa à son tour. Isabelle allait enfin rentrer chez elle. Le cœur léger, elle se dirigea vers sa voiture et installa Julie dans le landau posé sur le siège arrière, puis elle démarra en adressant un petit signe de la main aux deux femmes restées sur le pas de la porte.

Soudain, son sang se figea dans ses veines. Un homme, dont elle avait reconnu la silhouette et qui visiblement les observait, se tenait sur le trottoir d'en face. Elle le dépassa, l'air de rien, dissimulant du mieux qu'elle pouvait l'émotion qui la submergeait, mais elle ne put s'empêcher de jeter un coup d'œil dans sa direction et leurs regards se croisèrent.

* * *

Appuyé contre un arbre, Andrew regarda s'éloigner la R5 rouge et n'en crut pas ses yeux. C'était bien Isabelle qu'il avait aperçue dans les bras sa mère ! Il avait réussi à se libérer plus tôt et avait prévu de lui faire la surprise mais à présent, il devrait attendre que cessent les tremblements provoqués par cette apparition avant de se présenter chez sa cousine.

Un peu calmé, il poussa la porte et s'écria : « Hello everybody ! » Mais son ton jovial sonnait faux et cela n'échappa pas aux deux femmes qui se regardèrent, inquiètes, en se demandant si par hasard il n'aurait pas eu vent de la venue d'Isabelle. Jackie se précipita vers lui et se jeta à son cou en s'écriant :

— Comme je suis contente de te revoir, mon fils chéri !

Andrew répondit à son étreinte et cacha sa tête dans son cou pour qu'elle ne voie pas ses yeux s'embuer. Puis, se ressaisissant, il lui demanda :

— Alors, Mom, comment trouves-tu ta petite-fille ?

— C'est un amour, répondit Jackie.

La journée se déroula dans la bonne humeur et Jackie se plia aux exigences de Andrew qui tenait à s'occuper de sa fille lui-même. Elle était éberluée par sa dextérité pour la changer et par la douceur avec laquelle il la berçait contre lui en lui parlant à l'oreille ; elle n'avait jamais vu un homme agir de la sorte. Elle brûlait de lui dire que toutes les femmes rêveraient d'un père comme lui pour leurs enfants, mais elle se tut. Elle ne voulait pas risquer de faire revenir la tristesse qu'elle avait lue sur son visage lorsqu'il était arrivé. À la fin de la soirée, chacune avait tenu sa langue et à aucun moment il n'avait été question d'Isabelle jusqu'à ce que Andrew lance :

— J'ai croisé Isabelle en arrivant.

Armelle manqua s'étrangler avec sa tisane et reposa brusquement sa tasse. Elle jeta un coup d'œil à Jackie qui s'agitait dans son fauteuil, visiblement mal à l'aise. Aucune des deux n'osa prendre la parole. Agacé, Andrew reprit :

— Qu'est-ce que vous me cachez toutes les deux avec vos airs de conspiratrices ?

— On n'a rien à cacher, répondit Armelle. Isabelle a passé une semaine chez moi, fin de l'histoire.

— Pourtant, tu ne m'as rien dit...

— Isabelle est sortie de ta vie il y a quinze mois, Andrew. Sa visite était celle d'une amie. Elle ne te concernait pas.

Jackie foudroya sa nièce du regard en voyant son fils blêmir. Mais elle était bien obligée d'admettre qu'elle avait raison. Même si elle en avait le cœur brisé pour Andrew, elle avait compris qu'Isabelle ne reviendrait pas.

— Comment va-t-elle ?

— Elle va bien. Elle s'occupe en ce moment d'une petite Coréenne, expliqua Armelle sans ajouter de détails.

— Je l'ai aperçue. Je pensais qu'elle l'avait adoptée, dit-il avec des trémolos dans la voix.

Il ne pouvait effacer de sa mémoire l'affreuse scène qu'il lui avait faite à propos des bébés adoptés et qu'il regrettait tant. La vue de cet enfant l'avait ravivée et, depuis, elle ne le quittait plus. Il ajouta :

— Je n'ai pas osé aller vers elle.

— Tu as bien fait. Ça n'aurait servi à rien.

— Comment a-t-elle réagi devant Élise ?

Armelle et Jackie se regardèrent d'un air désolé.

— Elle m'a aidée à m'en occuper, comme elle l'a fait avec Aurore, répondit Armelle sans mentionner la crise de larmes déclenchée par sa découverte.

— Elle ne m'en veut pas ?

— Andrew, on n'a pas parlé de toi. Il faut vraiment que tu passes à autre chose.

— Quand tu vas aller promener Élise, intervint Jackie, tu auras une nuée de femmes autour de toi. C'est tellement sexy, un papa-poule ! ajouta-t-elle en le regardant d'un air attendri.

— Mais vous ne voulez pas comprendre ? s'écria-t-il. Des femmes, j'en ai connu des dizaines depuis qu'elle est partie. C'est elle que j'aime, et personne ne la remplacera.

* * *

Isabelle chassa l'image de Andrew qui repassait devant ses yeux et qui lui avait rappelé brutalement que, si la plaie était refermée, les sutures étaient encore fragiles. Elle se sentait délivrée de l'angoisse qui la tenaillait depuis presque trois semaines : enfin, elle allait pouvoir reprendre une vie normale. Mais une ombre planait toujours : celle d'Agnès, à qui elle allait devoir jouer la comédie. Elle ne serait vraiment libérée que quand elle lui aurait remis sa fille.

Elle gara sa voiture dans la rue et sortit avec Julie. Elle n'avait plus aucune raison de se cacher à présent et, comme elle s'y attendait, le bébé qu'elle tenait dans les bras attira aussitôt l'attention. Bientôt un petit attroupement se forma autour d'elle et elle fut assaillie de questions, celle qui revenait le plus souvent concernant évidemment ses origines. Elle expliqua aux gens du village qui se trouvaient là que Julie avait été adoptée en Corée et, pour lever toute ambiguïté, elle précisa qu'elle en était la marraine. Maryvonne figurait en première ligne des badauds et toute bonne nourrice qu'elle fût, devant ses questions intrusives, Isabelle se félicita de ne pas avoir eu recours à elle quand Julie était malade.

Isabelle avait beaucoup souffert de son isolement de ces dernières semaines, mais, paradoxalement, elle mourait d'envie de se retrouver seule chez elle, et elle ne savait comment faire pour se débarrasser de tous ces curieux. Au bout d'un moment qui lui parut interminable, ils finirent par se lasser et se dispersèrent. Isabelle entra alors dans sa maison et savoura le plaisir de pouvoir enfin ouvrir ses volets. Son statut de prisonnière avait pris fin.

50

Assis à l'avant de la voiture, Antoine tenait sur ses genoux une petite urne en céramique qu'il serrait afin de la protéger des secousses. Franck, au volant, regarda son ami avec une tristesse infinie. Il revit Agnès à vingt ans, il repensa au trio inséparable qu'ils formaient et à la fierté d'Antoine le jour de leur mariage.

Antoine restait silencieux. La disparition d'Agnès l'avait amputé d'une partie de lui-même. Il allait devoir réapprendre à avancer seul. Il avait inséré une cassette dans l'autoradio et repassait en boucle une chanson : celle de leur premier slow. Il écoutait la voix suave de Joëlle, la chanteuse du groupe Il était une fois, monter dans les octaves en implorant : « Si je pouvais me réveiller à tes côtés ! » Il ne dormirait plus jamais près d'elle. Il repensa au choc d'Agnès à l'annonce de la mort de la jeune chanteuse et se dit, sans pouvoir vraiment y croire, qu'elle l'avait rejointe à présent.

Franck gara la voiture sur le port de Saint-Malo où le pêcheur les attendait. Antoine avait bravé l'opposition familiale pour respecter le souhait de sa femme : rejoindre à tout jamais cette mer qu'elle aimait tant. Un jour, alors qu'ils venaient de voir un film d'Hitchcock dans lequel une jeune femme se faisait enterrer vivante, elle s'était exclamée : « Antoine, si je pars avant toi, promets-moi de ne jamais me faire enterrer ! Tu jetteras mes cendres à la mer, tu me le promets, hein ? » Il l'avait embrassée en riant. Il aurait pu lui promettre tout ce qu'elle voulait, pour lui elle était immortelle. Ils en plaisantaient quelquefois quand ils évoquaient un futur lointain où ils se voyaient les cheveux blancs avec une ribambelle de petits-enfants autour d'eux. Comment aurait-il pu s'imaginer qu'elle le quitterait à quarante-deux ans à peine ? L'incinération n'était pas chose courante et il avait dû user de toute sa force de conviction pour qu'un marin accepte de les conduire au large de la baie de Saint-Malo afin d'y disperser les cendres de sa bien-aimée.

De retour à Dinan, ils s'assirent tous deux sur le canapé, une bière à la main, hébétés. La sensation de vide dans cette maison encore empreinte de la présence d'Agnès était insupportable. Franck se demanda si son ami aurait le courage de continuer à vivre ici sans elle. Par respect pour son deuil, il n'osa pas lui reparler de sa proposition d'embauche au journal, mais la date du départ approchait et il savait qu'il ne pourrait plus faire patienter son patron très longtemps. Ce fut Antoine qui aborda le sujet.

— Je vais tout vendre : la maison, la boutique, tout. Je repars de zéro. Tout ça c'était nous, sans elle ça n'a plus de sens. Tu peux prévenir ton journal que j'accepte leur proposition.

— Tu es sûr ? Tu peux peut-être prendre encore quelques jours pour réfléchir.

Le téléphone sonna. Antoine soupira :

— Tu peux répondre, s'il te plaît ? C'est au-dessus de mes forces de parler à quelqu'un maintenant.

Franck décrocha.

— Allô, oui ?

— Bonjour, c'est Isabelle, fit une voix guillerette. J'ai une bonne nouvelle pour vous. Agnès est là ?

Le visage de Franck se décomposa. Il colla le combiné contre son torse et chuchota à Antoine :

— C'est une amie d'Agnès qui apparemment n'est pas au courant de son décès. Je te la passe ?

— Elle t'a donné son nom ?

— Oui, Isabelle.

L'évocation de ce prénom lui remit en mémoire sa dernière conversation avec Agnès et la querelle qui avait précédé sa mort. Même s'il savait pertinemment qu'elle n'y était pour rien, il ne pouvait s'empêcher de l'associer à la disparition de la femme de sa vie. Il secoua énergiquement la tête et chuchota pour ne pas qu'elle l'entende :

— Je ne veux pas lui parler.

— Elle dit qu'elle a une bonne nouvelle.

Le cœur d'Antoine s'accéléra. Il se mit la tête dans les mains en gémissant :

— Oh non, c'est pas vrai ! Mais qu'est-ce qu'on a fait au Bon Dieu ?

Franck le regarda d'un air interrogatif, se demandant un instant s'il ne divaguait pas. Mais il n'eut pas le temps d'essayer de comprendre. Des vibrations sur sa poitrine le rappelèrent à l'ordre ; la voix au bout du fil s'impatientait. Il reprit la communication.

— Je suis Franck, un ami des Guichard. J'ai, de mon côté, hélas, une terrible nouvelle à vous annoncer. Agnès est décédée il y a dix jours.

Sous le choc, Isabelle resta muette un instant, puis demanda d'une voix étranglée :

— Mais que s'est-il passé ?

— Un accident. Elle s'est fait renverser par une voiture. Elle est morte sur le coup.

— Oh mon Dieu ! C'est affreux !

Isabelle revit la lueur d'espoir dans les yeux d'Agnès et elle sentit des larmes lui couler sur les joues. Elle les essuya de la paume de la main et se racla la gorge :

— Vous pouvez me passer M. Guichard ? Ce que j'ai à lui dire est confidentiel et très important.

— Je suis désolé, mais il n'est vraiment pas en état de vous parler. Essayez de le rappeler plus tard. Au revoir, madame.

Isabelle resta pétrifiée, tenant toujours le combiné d'où s'échappait le timbre lancinant de la tonalité. Puis elle éclata en sanglots. Tout venait de s'effondrer autour d'elle. Des spasmes de remords lui contractaient la poitrine, lui coupant presque la respiration. Entre deux reniflements et deux halètements, elle aperçut Julie qui la fixait de ses yeux noirs. L'étonnement qu'elle lut dans son regard confiant la fit sangloter de plus belle. Elle s'exclama en hoquetant :

— Mais qu'est-ce que je vais faire de toi, mon bébé ?

Si seulement elle avait dit la vérité à Agnès ! Cette dernière n'avait vraisemblablement pas parlé de sa proposition de « tenter de retrouver Julie » à son mari, sans quoi il ne l'aurait pas éconduite, et elle ne savait plus comment lui présenter les choses. Elle aurait voulu appeler Armelle ; le timbre mélodieux de sa voix et son calme auraient certainement suffi à l'apaiser, mais elle avait assez abusé de sa gentillesse.

Elle se calma peu à peu et, quand elle parvint enfin à réfléchir de manière cohérente, une unique solution s'imposa à elle : aller présenter Julie à Antoine. C'était le dernier lien qui lui restait avec Agnès et elle était sûre que ce bébé si attachant l'aiderait à remonter la pente. Il lui restait encore quelques jours avant la reprise du travail, le temps de lui montrer comment s'en occuper, de trouver une baby-sitter pour l'aider. Et puis, elle pourrait continuer à les voir régulièrement : Dinan n'était qu'à quatre heures de voiture, Rennes à une heure d'avion. Elle espérait de toutes ses forces réussir à le convaincre. Si cela avait été le contraire et qu'Agnès s'était retrouvée seule, Isabelle lui aurait remis Julie sans même se poser la question ; et pourtant, elle était persuadée que les femmes n'avaient pas plus de dispositions que les hommes pour s'occuper d'un enfant. Elle eut un pincement au cœur en pensant à Andrew qui élevait seul sa fille et qui, d'après Armelle, s'en sortait fort bien.

Elle prit l'annuaire et chercha un hôtel à proximité du magasin de photos, puis appela pour réserver une chambre en prenant soin de leur demander d'ajouter un lit de bébé. Julie avait beau être un nourrisson de petit gabarit, à presque trois mois, elle était un peu à l'étroit pour dormir dans le landau. Elle avait une véritable garde-robe à présent. Armelle avait donné à Isabelle tous les vêtements trop petits pour sa fille, en lui disant, pour ne pas qu'elle proteste, qu'elle les lui rendrait plus tard afin qu'ils servent ensuite à sa nièce. Isabelle avait accepté, sachant pertinemment qu'elle les garderait, Andrew préférant sans aucun doute vêtir sa fille de neuf. À présent elle avait donc de quoi remplir une petite valise.

À nouveau, elle entassa ses affaires dans le coffre de sa voiture puis elle reprit la route, en direction de la Bretagne cette fois, avec Julie dans son landau sur le siège arrière. Pour ne pas troubler son sommeil, elle avait baissé le son de l'autoradio et Michel Polnareff chantait en sourdine « Juliette, je voudrais être ton Roméo ». Bercée par la voix harmonieuse du chanteur, elle laissa vagabonder ses pensées et elle oublia un instant sa future rencontre avec Antoine. Si la mélodie l'enchantait, les paroles de la chanson lui provoquèrent un sourire amer. Aux Roméo, elle ne croyait plus. Celui qu'elle avait cru être le sien avait gommé une partie de son estime de soi : incapable d'avoir porté en son sein le fruit de leur amour, elle ne s'était plus vue que comme une demi-femme. Elle avait beaucoup médité sur la question et, si elle parvenait enfin à accepter ce que Andrew lui avait fait considérer comme un handicap, elle avait du mal à se laisser approcher à nouveau par un homme. Elle savait qu'une nouvelle relation la conduirait à avouer cette stérilité qu'elle cachait comme une honte et elle avait peur de décevoir à nouveau.

Elle poussa un soupir. Comme elle regrettait l'époque où elle n'avait pas encore connu l'amour, quand elle prenait des amants juste pour le plaisir, sans états d'âme ni promesses de lendemain ! La cassette venait de se terminer et le silence fut rompu aussitôt par des babillages suivis de bruits de hochets. Isabelle regarda dans son rétroviseur Julie gazouiller en jouant avec le boulier qu'elle avait accroché sur son landau. Elle fut envahie par une bouffée de tendresse qui céda brusquement la place à l'angoisse : il ne restait plus que quelques kilomètres avant d'arriver à Dinan.

Elle se gara non loin du magasin dont elle constata avec soulagement que le rideau était ouvert et entra, Julie dans les bras. Un homme, qu'Isabelle peina à reconnaître tant son visage avait été ravagé par la douleur, était assis derrière le comptoir, le regard vague. Il ne fit pas un geste pour l'accueillir, ne sembla pas la voir. Ils ne s'étaient aperçus que très brièvement la fois dernière et Isabelle ne fut pas surprise de constater que lui non plus ne la reconnaissait pas. Elle s'approcha de lui en souriant et vit son visage se crisper. Il avait aperçu Julie. Le cœur d'Isabelle se mit à battre la chamade. Elle venait de se rendre compte que, dans sa précipitation, elle n'avait pas préparé ce qu'elle allait lui dire. Il fallait qu'elle trouve là, maintenant, tout de suite, un semblant d'explications plausibles justifiant la raison de sa présence devant lui avec sa fille adoptive supposée disparue depuis trois semaines.

— Alors, comme ça, vous avez réussi à la retrouver… dit Antoine d'une voix lasse.

À contrecœur, Isabelle ouvrit la bouche pour débiter une dernière fois son mensonge, mais il l'arrêta d'un geste de la main et secoua la tête en fermant les yeux.

— Ne vous fatiguez pas, je connais l'histoire. Agnès m'avait tout raconté avant de…

Il fut coupé par un tremblement de lèvres contre lequel il lutta, en vain. Alors, pour cacher les larmes dont ses yeux s'emplissaient, il détourna la tête.

Isabelle s'efforça de ne pas se mettre à pleurer à son tour. Il fallait qu'elle se montre forte si elle voulait pouvoir le soutenir.

— Je suis désolée, Antoine. Je vous présente toutes mes condoléances.

— Je vais fermer pour midi, dit-il en ravalant ses sanglots. Voulez-vous venir à la maison ? On pourra se parler plus calmement. Je n'ai pas grand-chose à vous offrir pour déjeuner, j'ai un peu perdu l'appétit ces derniers temps et puis c'était Agnès qui s'occupait de faire la cuisine…

— Merci, c'est vraiment très gentil, mais ne vous en faites pas pour moi, je n'ai pas très faim. L'essentiel est que Julie puisse prendre son biberon.

— Vous êtes garée dans le coin ? Je n'habite qu'à cinq cents mètres, mais ça va peut-être faire un peu loin pour vous avec la petite dans les bras.

Il avait prononcé ces paroles sans accorder le moindre regard à Julie et Isabelle se mordit les lèvres pour ne pas lui faire remarquer que la petite, comme il l'appelait, était sa fille. Elle se doutait de l'effort que lui avait coûté sa proposition.

Elle lui répondit sur un ton qu'elle s'efforça de rendre le plus doux possible :

— J'ai trouvé une place juste à côté, prenons ma voiture, ce sera plus simple, en effet.

En entrant chez Antoine, Isabelle s'attendait à trouver le désordre d'un homme seul et désespéré et fut surprise de découvrir une maison propre et bien rangée. Antoine dut percevoir son regard admiratif car il lui dit aussitôt avec une pointe d'ironie :

— Vous avez de la chance, vous êtes venue le jour de la femme de ménage.

Isabelle enregistra instantanément l'information : il avait quelqu'un pour l'aider, c'était déjà un point positif.

Elle entra dans le salon. Il était décoré avec un goût exquis et sa gorge se serra en apercevant au mur une série de portraits du couple. Agnès y apparaissait souriante et le regard pétillant. Isabelle ne put s'empêcher de faire la comparaison avec la dernière vision qu'elle avait eue d'elle : son désir d'enfant l'avait détruite. Elle lutta pour ne pas se laisser à nouveau envahir par les remords. Elle ne pouvait plus revenir en arrière et, à présent qu'Agnès n'était plus là, son rôle était de mettre son mari et sa fille en contact, ce qui apparemment n'allait pas être une mince affaire.

Julie était mouillée et Isabelle se doutait qu'ils lui avaient préparé une chambre. N'osant pas l'évoquer de but en blanc, elle demanda à Antoine :

— Avez-vous un endroit où l'on pourrait changer Julie ?

Elle avait fait exprès de dire *on*, pour qu'il se sente concerné.

Antoine se sentit pâlir en repensant à la fureur d'Agnès à son retour de l'aéroport. Il se souvint comme il avait dû la maîtriser pour l'empêcher de tout détruire dans la chambre aux lapins bleus, qui depuis était fermée à double tour. Il n'avait pas le courage de la rouvrir.

— Venez, je vous emmène dans ma chambre, ce sera plus pratique, la salle de bains est attenante.

Isabelle le suivit dans le petit escalier en bois. En passant devant une porte fermée, elle remarqua un panneau représentant un lapin peint en bleu sous lequel elle eut le temps de lire le prénom de Julie. Elle se garda bien du moindre commentaire, laissant croire à Antoine qu'elle n'y avait pas fait attention, mais l'idée qu'il ait préféré les emmener dans sa propre chambre par commodité lui parut étrange. Ne cherchant pas à s'interroger davantage, elle se dit qu'après tout c'était possible. Elle ne le sentait pas enclin à s'occuper de sa fille et ne voulait surtout pas le braquer.

Sitôt Julie posée sur le lit, il s'éclipsa. Isabelle laissa s'échapper un soupir. Elle commençait à douter que les cinq jours dont elle disposait avant sa reprise suffisent. Après avoir changé la petite, elle redescendit avec elle et trouva Antoine debout dans la cuisine, surveillant d'un œil distrait la cuisson de pâtes. Elle lui tendit Julie en disant :

— Vous voulez bien la prendre un moment pendant que je prépare son biberon ?

Comme il restait les bras ballants, elle tira une chaise et lui fit signe de s'asseoir. Il s'exécuta en marmonnant :

— Mais je ne sais pas tenir un bébé, moi…

Sans relever ses protestations, elle lui posa d'office sa fille sur les genoux. Elle fit mine de ne pas s'apercevoir de son attitude crispée ni de son regard fuyant et, tandis qu'elle s'affairait dans la cuisine, elle le complimenta :

— Mais vous vous en sortez très bien !

Il ne répondit pas et resta sans bouger, tout en lui donnant les indications pour trouver une casserole et faire chauffer l'eau pour le biberon. Le cœur serré, Isabelle ne décela pas une once de tendresse dans son corps figé. Julie dut le sentir car Isabelle la vit s'agiter et, de crainte qu'elle se mette à pleurer, elle la reprit dans ses bras. Rassérénée, l'enfant se blottit contre elle. Antoine se leva prestement pour lui céder son siège, sans doute effrayé à l'idée qu'elle lui propose de lui faire boire son biberon.

Julie, une fois rassasiée, commença à montrer des signes de fatigue. Saisissant l'occasion, Isabelle demanda à Antoine où se trouvait son petit lit. Il se perdit dans ses explications : il ne savait pas où étaient rangés les draps, la chambre était poussiéreuse et finalement ce fut Isabelle qui trancha en lui disant qu'elle serait très bien au milieu de leur grand lit. Elle vit dans le regard d'Antoine qu'il paraissait soulagé et se dit que ce n'était pas gagné. Elle avait hâte qu'ils se retrouvent en tête à tête pour entamer une conversation sérieuse.

51

JULIE S'ÉTAIT ENDORMIE DANS LE GRAND LIT et Isabelle avait laissé la porte de la chambre ouverte afin de l'entendre quand elle se réveillerait. Les pâtes refroidissaient dans les assiettes. Assise en face d'Antoine à la table de la cuisine, elle l'avait écouté raconter sa version de leur rendez-vous manqué avec Julie, notant des détails qu'Agnès avait omis de lui raconter. Elle apprit ainsi que son état dépressif ne l'avait jamais vraiment quittée. Il lui confia le calvaire de leurs dix dernières années, dont le seul objectif avait été cet enfant qui n'avait jamais voulu venir. Il raconta comme il avait partagé l'enthousiasme de sa femme, l'avait encouragée et soutenue dans toutes leurs démarches, il l'avait ramassée quand elle était à terre, portée à bout de bras. À présent, il était épuisé :

— Vous comprenez, ce projet d'adoption, c'était avec ma femme. Maintenant qu'elle n'est plus là, je ne me sens pas capable de l'assumer. Élever un enfant seul, c'est au-dessus de mes forces.

Isabelle était atterrée. Elle n'avait pas imaginé qu'il réagirait de cette façon et se demanda comment le ramener à la raison.

— Je comprends votre abattement, mais Julie est là, maintenant. Vous lui avez fait quitter son pays, vous ne pouvez pas l'abandonner une nouvelle fois.

— Je ne sais plus quoi faire. Je suis complètement perdu sans Agnès, ajouta-t-il avec des trémolos dans la voix.

— Vous savez que c'était votre épouse qui m'avait demandé de la retrouver. Elle y tenait beaucoup.

— Oui. Cette enfant était devenue sa raison de vivre. S'il vous plaît, ne me jugez pas sur ce que je vais vous confier. Je sais que c'est horrible, mais je crains de ne jamais parvenir à l'aimer. Je ne peux pas m'empêcher de me dire qu'au fond, c'est de sa faute si Agnès s'est jetée sous les roues de cette voiture.

— Que voulez-vous dire ? Qu'elle s'est suicidée ? demanda Isabelle, effarée.

— Non. C'est un accident. Mais on s'est un peu disputés juste avant, à propos de votre visite. Elle était euphorique à l'idée que vous alliez retrouver Julie. Moi, je n'en pouvais plus de cet ascenseur émotionnel. Elle est sortie comme une folle et puis…

Sa voix se brisa. Il posa ses coudes sur la table et enfouit sa tête entre ses mains, puis il se mit à sangloter.

Isabelle sentit sa culpabilité lui revenir en pleine face. Si elle avait dit la vérité à Agnès, non seulement elle aurait pu mettre fin à ses souffrances, mais Agnès ne se serait pas disputée avec Antoine et peut-être serait-elle encore en vie à l'heure actuelle. Par lâcheté et par égoïsme, elle avait préféré prolonger son attente et ses incertitudes. En somme, non seulement elle l'avait privée de sa fille, mais elle était aussi un peu responsable de sa mort.

Il régnait à présent dans la pièce un silence oppressant. Antoine, les yeux rougis, fixait son assiette et Isabelle, remplie de honte, avait perdu toute sa belle assurance. Soudain, elle pensa au bébé qui dormait là-haut au milieu d'un lit d'adulte, alors que dans la pièce à côté, elle en était sûre, il y avait une jolie chambre d'enfant aménagée avec amour. Julie n'avait rien demandé à personne. Ils l'avaient arrachée à son pays sans s'interroger sur le traumatisme que ce déracinement aurait peut-être provoqué plus tard ; ils l'avaient voulue, elle ou un autre, peu importait, finalement, puisque c'était juste pour satisfaire leur envie d'avoir un enfant à tout prix. L'important aujourd'hui, ce n'était pas Isabelle, ni Antoine, ni même Agnès : c'était elle.

— Antoine, personne n'est responsable de la mort d'Agnès, dit doucement Isabelle. Surtout pas cette enfant qui n'a rien demandé. Ne vous inquiétez pas, vous réagissez un peu à la manière d'un père dont l'épouse serait morte en couches. Ce syndrome de rejet est fréquent, mais il est passager. Cela vous prendra sans doute un peu de temps, mais il faut que vous parveniez à passer outre. Julie a passé quelques jours chez moi avant que je décide de vous l'amener, c'est un bébé exquis qui ne demande qu'à aimer et à être aimé. Je peux rester jusqu'à la fin de la semaine pour vous aider à vous familiariser avec elle et vous apprendre les soins à lui donner. On pourra également chercher ensemble une baby-sitter qui viendrait à domicile pendant que vous travaillez. Vous allez vous en sortir, j'en suis sûre ! Et puis je resterai disponible quand vous voudrez pour vous soulager et la prendre chez moi.

Antoine leva la tête et, pour la première fois, plongea son regard bleu dans celui d'Isabelle. De sa longue tirade, il n'avait retenu que la dernière phrase.

— C'est vraiment gentil de me proposer cela, mais je ne voudrais pas vous déranger. Surtout si vous avez un mari ou peut-être d'autres enfants.

Isabelle secoua la tête en souriant.

— N'ayez crainte, je vis seule et je me ferai un plaisir de garder Julie quand vous le désirerez. Et puis, la vie va continuer, et un jour vous partirez à nouveau en weekend, en vacances. Sachez que je serai toujours là pour elle.

Il se leva sans rien ajouter et alla préparer du café. Elle était heureuse de constater une évolution dans son attitude. Elle ne se heurtait plus à un refus déterminé. Pourtant elle sentait encore comme une gêne. Elle avait l'impression qu'il ne lui avait pas tout dit. Laissant les assiettes intactes sur la table de la cuisine, il l'entraîna dans le salon. Ils s'assirent côte à côte sur le canapé et, après lui avoir tendu sa tasse, il lui dit d'un ton las en regardant droit devant lui :

— Merci de faire tous ces efforts pour essayer de m'aider, mais ça ne va vraiment pas être possible pour Julie.

Isabelle faillit s'étrangler avec son café.

— Qu'est-ce qui ne va pas être possible ?

— Je ne vais pas pouvoir la garder.

Isabelle posa brutalement sa tasse sur la table basse et essaya de refréner sa colère.

— Et pour quelle raison ?

— Ma décision était prise avant que je sache que vous la retrouveriez. Mon meilleur ami travaille pour un magazine sur l'Afrique. Il m'avait averti qu'une place de photographe reporter était vacante pour six mois. Évidemment, cela consiste à se rendre sur place. On a pensé tous les deux que ce serait un bon moyen pour m'aider à passer à autre chose et j'ai signé un contrat. Je dois partir là-bas dès la semaine prochaine.

Isabelle était abasourdie. Une nouvelle fois, les plans qu'elle avait échafaudés tombaient à l'eau. Elle n'en revenait pas qu'il ait pu si rapidement rayer sa fille adoptive de sa vie. Malgré la compassion qu'elle éprouvait pour son deuil, elle sentit son indulgence faiblir et elle ne put s'empêcher de lui faire remarquer :

— Il me semble que vous avez oublié quelque chose dans vos projets : vous êtes légalement responsable de Julie. Que feriez-vous si je partais en vous la laissant, maintenant ?

Tout cela, Antoine le savait. Franck s'était renseigné pour lui et lui avait expliqué que la loi lui interdisait de renoncer à son adoption.

— Rassurez-vous, je n'ai jamais eu l'intention de déposer la pauvre enfant dans une poubelle ou sur les marches d'une église. J'ai juste besoin d'un peu de temps pour faire mon deuil et me reconstruire avant de pouvoir assumer mon rôle de père. Je vais devoir chercher une nourrice à qui la confier pendant mon absence.

Le cœur d'Isabelle fit un bond. L'espace d'une seconde, elle imagina Julie confiée à une étrangère, la faisant disparaître à tout jamais de sa vie. C'était impossible. Il fallait que ce soit elle. Sans doute y avait-il pensé sans oser le lui demander. Elle savait que la séparation serait très difficile à l'issue de cette période de six mois, mais elle était prête à en prendre le risque, pour elle et pour Julie.

— À trois mois, Julie a subi trop de bouleversements dans sa vie pour qu'on continue à la passer de mains en mains, cela risquerait de lui laisser des séquelles psychologiques, dit-elle. Et même si vous n'éprouvez rien pour cette enfant, pensons à Agnès. Ne croyez pas que je veuille vous faire la morale, mais on m'a chargée d'une mission en me confiant ce bébé pour vous le remettre et je dois l'accomplir jusqu'au bout, c'est-à-dire m'assurer de son futur bien-être. Alors je vais vous faire une proposition : comme je vous l'ai déjà dit, je suis tout à fait prête à accueillir Julie chez moi pour vous dépanner. Il se trouve que vous allez en avoir besoin plus longtemps que prévu, soit. Je serais d'accord pour m'en charger pendant vos six mois d'absence.

Tandis qu'elle prononçait ces paroles, elle vit le visage d'Antoine s'éclairer, son dos voûté se redresser peu à peu. Une lueur d'inquiétude traversa malgré tout son regard quand elle ajouta :

— Mais à une condition : que vous fassiez vraiment connaissance avec elle avant de partir. On l'installe dans la chambre que vous aviez préparée à son intention, la poussière j'en fais mon affaire, et vous m'aidez à m'en occuper.

Au même moment, des pleurs se firent entendre du premier étage. Julie devait se sentir perdue dans ce nouvel environnement. Cela conforta Isabelle dans le bien-fondé de sa décision. Pour ne pas la perturber davantage, elle préféra monter seule. Dès que Julie la vit, elle se calma, et Isabelle eut la conviction qu'elle l'avait reconnue.

* * *

Antoine reprit le chemin du magasin à la manière d'un automate. Il avait l'impression d'être dans une dimension parallèle. Agnès n'était plus là. À la place, il venait de laisser chez lui une femme inconnue, accompagnée d'un enfant tout aussi inconnu, censé pourtant être le sien. Franck avait eu raison d'insister : tant qu'à vivre une autre vie, autant en changer radicalement. La chambre aux lapins bleus était si chargée de souvenirs et de symboles qu'il avait été incapable d'en ouvrir la porte. Il s'était contenté de tendre la clé à Isabelle avant de partir. Elle n'avait pas paru comprendre, mais que pouvait-elle comprendre de ce qu'ils avaient vécu, Agnès et lui ? De ce lien si fort qui venait de casser, le laissant complètement démuni, retirant tout sens à leurs projets communs ?

Pendant ce temps, Isabelle ouvrait la porte et découvrait la chambre. Elle était ravissante, avec son papier peint orné de lapins et ses rideaux en velours bleu assortis. Elle était aussi d'une propreté irréprochable et parfaitement rangée. Antoine lui avait menti. Isabelle comprit aussitôt pourquoi : cet endroit contenait trop de souvenirs. Un seul coup d'œil lui permit d'évaluer le nombre d'heures qu'Agnès et lui avaient dû y passer. Rien ne manquait pour accueillir ce bébé qu'ils avaient espéré en vain, ni le tour de lit matelassé, ni le mobile musical. Des animaux en peluche assis sur des coussins semblaient l'attendre. Un grand placard s'étalait sur un pan entier de la pièce. Il était habillé du même papier et se confondait avec les murs. Dans un coin, Isabelle aperçut, comble du luxe pour elle qui devait se courber en deux pour changer Julie, une magnifique table à langer. Dans les bacs disposés en dessous, on voyait dépasser des couches et divers produits pour les soins. Elle déposa Julie dans le lit parmi les jouets et fut soulagée d'entendre ses babillements apporter un peu de vie dans cette pièce qui lui faisait presque l'effet d'une chambre mortuaire. En dépliant un drap, son cœur se serra. Il avait été brodé à la main. Comme ceux qui garnissaient son landau à la maison. La présence d'Agnès était décidément partout. Elle caressa du doigt le relief des coquelicots et des boutons d'or, imaginant Agnès son aiguille à la main, et fut submergée de tristesse à la pensée qu'elles auraient pu devenir amies. Julie avait été leur lien. À ce moment, elle lui fit la promesse de ne jamais le briser.

Dans l'après-midi, elle sortit acheter de quoi remplir le réfrigérateur avec Julie et, lorsque Antoine rentra, elle avait préparé à dîner. Elle avait supposé que le magasin de photos ne fermerait pas avant 19 heures et elle avait décalé l'heure du repas de Julie afin qu'il y participe. Malgré sa bonne volonté, Antoine était tendu et Julie le ressentit. Dès qu'il la prit dans ses bras, elle se mit à pleurer, ce qui l'agaça davantage. Isabelle se sentait prise dans un cercle infernal. Elle se demanda s'il était judicieux de s'entêter ainsi, alors que l'un comme l'autre ne semblaient pas enclins à faire connaissance. Julie ne dormit pas dans la chambre qui lui avait été consacrée cette nuit-là. Isabelle ne voulut pas l'imposer trop brutalement à Antoine et préféra rentrer à l'hôtel.

Le lendemain matin, elle arriva de bonne heure, ayant pris soin d'acheter des croissants à la boulangerie en passant. Julie avait bien dormi et elle avait retrouvé sa bonne humeur. Elle avait déjà bu son biberon, épargnant à Antoine ce qui semblait être un supplice pour lui. Isabelle le sentait absent : visiblement, ses efforts n'étaient destinés qu'à respecter leur contrat. Dès que Julie l'aperçut, elle se ferma, et quand il s'approcha d'elle, Isabelle vit sa petite bouche se crisper en une moue annonciatrice de nouveaux pleurs. Elle préféra renoncer.

— Je crois que ce n'est pas la peine d'insister pour le moment. Vous vous forcez et Julie le ressent. Vous savez, les enfants captent toutes nos ondes et, forcément, les vôtres ne sont pas bonnes en ce moment.

Il baissa la tête d'un air penaud et répondit :

— Je suis désolé, je n'y arrive pas. Je vous avais pourtant prévenue…

— Ce n'est pas grave. Vous avez au moins eu une première approche. Quand vous rentrerez, elle aura neuf mois, ce sera différent. Et puis j'imagine que vous allez revenir entre deux reportages pendant cette période. À ce moment-là, on essaiera de se revoir.

— Merci beaucoup pour tout ce que vous faites. Je sais qu'Agnès y aurait été très sensible.

À l'évocation de la femme d'Antoine, Isabelle revit les broderies sur les draps. Oui, elle ferait tout cela pour elle aussi.

Ils se mirent d'accord sur les modalités d'indemnisation, qu'Isabelle refusa d'abord, puis finit par accepter en prenant conscience qu'il lui faudrait payer une nourrice pour garder Julie pendant qu'elle travaillerait. Elle espérait que Maryvonne accepterait un bébé supplémentaire. Isabelle fit promettre à Antoine de lui écrire régulièrement. Lui-même ferait suivre son courrier par le journal au fil de ses déplacements. Il installa une galerie sur le toit de la R5 et Isabelle repartit avec la table à langer ainsi que les jouets et les vêtements encore à sa taille qu'ils avaient achetés pour Julie.

Puis elles reprirent la route. Une nouvelle aventure les attendait toutes les deux. Isabelle ne savait pas du tout où elle les mènerait. Elle ne savait qu'une chose, c'était que, quoi qu'il arrive, elle ne lâcherait plus la main de Julie.

52

ISABELLE EUT DU MAL À RECONNAÎTRE la petite ville où elle avait passé la première partie de sa vie. Des lotissements avaient poussé dans les champs et la nationale qui traversait le centre avait été déviée, donnant un air abandonné aux commerces dont certains avaient baissé leur rideau pour se réimplanter dans une zone dédiée, deux kilomètres plus loin.

Elle se gara devant la maison de son enfance, une des rares rescapées des bulldozers. Les rideaux crochetés autrefois par sa mère étaient toujours aussi blancs et les carrés de légumes bien alignés dans le jardin. Malgré les années, ses parents étaient encore alertes. Elle essaya de se souvenir à quand remontait sa dernière visite et prit conscience qu'elle n'était pas retournée chez eux depuis au moins trois ans. Elle grimpa les quelques marches pour accéder au perron et elle n'eut pas le temps de sonner que déjà la porte s'ouvrait sur sa mère, un tablier immaculé noué autour de la taille. Malgré sa retenue habituelle qui ne l'autorisait qu'à un bref baiser sur la joue, elle semblait heureuse de revoir sa fille. Une odeur de pommes de terre sautées chatouilla les narines d'Isabelle et la transporta des années en arrière, tout comme le tic-tac de la grosse horloge du salon qui avait si souvent rythmé sa solitude. Son père apparut une bouteille de vin couverte de poussière à la main, sous le regard réprobateur de son épouse. Si le temps s'était davantage incrusté sur leur visage, eux n'avaient pas changé, se dit Isabelle, étonnée de constater que l'agacement que provoquaient autrefois leurs manies s'était transformé en tendresse.

— Bonjour, ma fille ! 1978, l'année de tes trente ans, annonça-t-il en guise d'entrée en matière, tout en brandissant son grand cru conservé soigneusement au fond de la cave.

— Il va certainement être très bon, alors ! Bonjour papa ! Attendez une seconde, je reviens.

Elle embrassa son père, puis retourna vers sa voiture, d'où elle revint avec le landau et Julie à l'intérieur. À la vue de la voiture d'enfant, sa mère blêmit. Afin d'éviter tout malentendu, Isabelle leur annonça aussitôt :

— Je vous présente Julie, une petite Coréenne de quatre mois au destin déjà bien tourmenté. Elle a été abandonnée à la naissance par sa maman, et sa mère adoptive vient de mourir dans un accident. Son père adoptif m'en a confié la garde provisoirement.

Sa mère resta immobile. En voyant son regard fixé sur le landau, Isabelle se dit qu'elle n'avait pas oublié l'épisode de la poupée Margot, elle non plus. Son père parut très mal à l'aise. Ils n'avaient pas l'habitude de l'imprévu. Ils restèrent figés sur le perron jusqu'à ce qu'elle les fasse sortir de leur torpeur :

— Bon, alors, on ne va pas rester sur le pas de la porte, quand même !

— Non, non, bien sûr, fit son père avec un petit rire gêné, sa bouteille toujours à la main. Enfin, tu aurais pu nous prévenir, tout de même. À notre âge, il ne faut pas nous faire des surprises pareilles. Mais dis donc, tout à fait entre nous, tu ne pourrais pas te faire faire un gamin par ton Américain, plutôt que de t'occuper de ceux des autres ? D'ailleurs, le mariage, c'est pour quand ?

Isabelle accusa le coup. Son père avait toujours été maladroit, mais au moins lui, il parlait, contrairement à sa mère à qui Isabelle devait arracher les mots de la bouche. Elle était venue ici pour crever un abcès et voulait éviter toute polémique. Elle répondit calmement :

— En fait, il s'est passé pas mal de choses dans ma vie depuis la dernière fois. Je vais tout vous expliquer, mais on va attendre d'être installés tranquillement à table, parce que ça va être un peu long.

* * *

Le repas terminé, Pierre se leva pour aller faire le café, et le bruit de ses pas rompit le silence monacal qui régnait depuis que sa fille s'était tue. L'émotion était palpable ce jour-là dans la petite salle à manger qu'Isabelle avait toujours trouvée si froide. Pour la première fois de sa vie, elle s'était confiée à ses parents. À présent, ils savaient tout de ses deux dernières années, ou presque, car elle avait fait quelques omissions volontaires. Depuis, elle attendait une réaction qui ne venait pas. Sa mère évitait son regard. De temps à autre, elle jetait un coup d'œil inquiet vers le landau, où Julie dormait profondément. Isabelle mourait d'envie de lui dire : « Maman, parle ! Dis-moi ce que tu as sur le cœur », mais elle n'osa pas.

Enfin, sa mère lança :

— J'espère qu'un jour tu rencontreras quelqu'un de bien, comme ton père.

Isabelle, qui ne l'avait jamais entendue faire le moindre compliment sur son mari, n'en revint pas.

— Tu le lui as déjà dit, maman ?

— Je n'ai pas eu besoin de lui dire, il sait que je le pense.

— Tu en es sûre ?

— Il y a des choses qui se sentent, c'est tout. Pas besoin d'étaler des phrases.

— Je ne suis pas d'accord avec toi, dit Isabelle, saisissant la balle au bond. On a besoin de se parler, sinon on peut s'imaginer n'importe quoi et se tromper sur toute la ligne. Moi, par exemple, je me suis peut-être fait de fausses idées, et maintenant j'aurais vraiment besoin d'entendre les choses que tu ne m'as jamais dites.

Pierre revint avec le café et lança :

— Alors, on fait des cachotteries dès que j'ai le dos tourné ?

Il feignit d'être contrarié, mais Isabelle comprit qu'il était heureux de ce rapprochement. Madeleine se ferma à nouveau et commença à débarrasser la table. Déçu, il protesta :

— Madeleine ! Laisse tout ça, on le fera plus tard ! Viens prendre le café avec nous dans le salon !

Sans écouter son mari, elle partit dans la cuisine avec une pile d'assiettes. Julie commença à s'agiter et Isabelle saisit l'occasion du biberon à préparer pour rejoindre sa mère, qui, imperturbable, lavait les casseroles. Surmontant son agacement, elle lui dit gentiment :

— Bon, maman, je ne suis pas venue jusqu'ici pour te regarder faire la vaisselle. Viens avec nous, s'il te plaît.

Madeleine finit par les rejoindre et alla s'asseoir sur le canapé. Elle regarda Julie téter goulûment sur les genoux d'Isabelle et vit un filet de lait s'échapper de la commissure de ses lèvres. Au moment où elle s'apprêtait à le faire remarquer, le bébé s'étrangla et se mit à tousser. Complètement affolée, elle se leva en criant :

— Elle est en train de s'étouffer ! Pierre, fais quelque chose !

Isabelle tapota placidement dans le dos de Julie qui s'arrêta aussitôt, puis elle lui remit le biberon dans la bouche.

— Mais qu'est-ce que tu fais ? s'écria sa mère. Tu es complètement inconsciente, ou quoi ?

— Qu'est-ce qui te prend, maman ? Tout va bien ! J'ai changé la position de la tétine, elle va boire plus doucement, ne t'inquiète pas...

— Il faut vraiment que tu fasses attention, on ne sait jamais...

À ces mots, Isabelle explosa :

— Maman, s'il te plaît, épargne-moi tes « on ne sait jamais », je les ai trop entendus. Toute mon enfance a été pourrie par ces « on ne sait jamais, tu pourrais tomber, tu pourrais te blesser, tu pourrais te faire enlever… » Non, on ne sait jamais, mais c'est la vie, bon sang !

Elle avait haussé la voix sans s'en rendre compte. Ses parents la regardèrent, stupéfaits. Jamais elle n'avait osé leur parler sur ce ton. Elle voulait seulement faire réagir sa mère, lui faire comprendre à quel point elle avait souffert d'avoir été à la fois surprotégée et tenue à distance, comme sous une cloche de verre. Le visage de Madeleine était resté impassible. En revanche, les yeux de son père s'étaient assombris et les rides de chaque côté de sa bouche s'étaient creusées davantage. Il reprit d'une voix tremblante la phrase qu'Isabelle avait prononcée sous le coup de la colère :

— On t'a pourri la vie ?

Elle lut l'incompréhension dans son regard. Soudain, le père autoritaire qu'elle avait toujours craint lui apparut comme un être fragile et elle fut envahie de tristesse. Les rôles étaient en train de s'inverser. Elle regretta de s'être emportée.

— Mais non, papa. Je sais bien que vous avez fait tout ce que vous avez pu pour moi. Mes paroles ont dépassé ma pensée. Ce que j'ai vécu ces derniers temps m'a mis un peu les nerfs à fleur de peau. Je vous demande pardon à tous les deux.

La conversation reprit peu à peu. Ses parents n'étaient pas bavards et Isabelle dut redoubler d'imagination pour trouver des sujets susceptibles de les faire rebondir. Elle s'en voulait de son manque de diplomatie qui avait jeté un froid et l'empêchait à présent d'aborder ce qui lui importait vraiment : sa mère avait-elle eu des difficultés pour tomber enceinte ? D'autant que, malgré toutes ses tentatives, cette dernière n'eut pas un geste envers Julie. Bien qu'au fond cela ne la surprenne pas vraiment, sa mère ne s'étant jamais intéressée aux enfants des autres, Isabelle fut profondément déçue. Elle aurait tellement aimé partager cette expérience avec celle qui lui avait donné la vie. Elle se demanda si Madeleine aurait réagi de la même façon si cette enfant avait été sa petite-fille.

La journée se terminait. Isabelle avait prévu de dormir chez ses parents et de repartir le lendemain matin, mais devant leur manque d'empressement pour sortir le lit pliant du garage afin d'y coucher Julie, elle décida de reprendre la route du retour le soir même. Cependant, elle ne pouvait pas s'en aller sans avoir eu de réponse à la question qu'elle avait repoussée tout au long de la journée, qu'elle n'avait pas osé poser. Le moment du départ approchait. Julie était déjà sur le siège arrière et Isabelle, les clés à la main, disait au revoir à ses parents. Elle savait que ce n'était ni le moment, ni l'endroit, mais elle savait aussi que si elle ne les interrogeait pas cette fois, elle ne le ferait jamais et elle avait vraiment besoin de savoir. Alors, elle se jeta à l'eau et leur demanda à brûle-pourpoint :

— Ça va vous sembler bizarre que je vous pose cette question maintenant, mais il y a longtemps que ça me tracasse : pourquoi m'avez-vous eue si tard ?

Ils se regardèrent un instant, stupéfiés. Puis sa mère prit l'air pincé qu'Isabelle lui connaissait et garda le silence. Isabelle se tourna alors vers son père. Il lui répondit avec un geste évasif de la main :

— Bah, c'était un accident…

Le mot « accident » lui sembla tellement peu approprié qu'Isabelle ne comprit d'abord pas sa réponse. Sa mère intervint aussitôt :

— Ne fais pas attention à ce qu'il dit, Isabelle, je crois qu'il a trop bu. Pierre, arrête !

Mais le père d'Isabelle, dont l'abus de bon vin avait certainement diminué le discernement, continua sur sa lancée :

— Tu sais, nous les mômes, ça n'a jamais été notre truc. On n'en voulait pas. On a toujours fait ce qu'il fallait pour ça et puis un jour, alors qu'on pensait que ta mère ne risquait plus rien : paf, enceinte.

Isabelle vit sa mère se décomposer. Elle lui demanda :

— C'est vrai, maman ?

Madeleine baissa la tête et acquiesça.

Devant la mine défaite de sa fille, Pierre eut un éclair de lucidité et comprit sa bévue. Titubant légèrement, il s'avança vers elle en disant pour se rattraper :

— Mais tu sais, on n'a rien regretté !

Sans lui répondre, Isabelle monta dans sa voiture et démarra.

* * *

Isabelle gratta une allumette et l'approcha de la feuille de journal posée dans la cheminée. Le papier froissé s'enflamma aussitôt, entraînant les brindilles qu'elle avait éparpillées dessus. Les bûches résistèrent un moment en dégageant une fumée odorante, puis finirent par succomber, elles aussi. Elle s'assit par terre tout près du feu et offrit son visage à la douce chaleur. Les flammes chatoyantes léchaient délicatement le bois qui se rendait dans un léger crépitement. Ce spectacle avait d'ordinaire le don de l'apaiser. Cette fois, hélas, la magie n'opéra pas : son corps se réchauffait, mais son cœur était toujours glacé par cette vérité qu'elle avait été si avide de connaître. À présent, elle aurait voulu pouvoir l'effacer de sa mémoire, continuer à penser qu'on l'avait surprotégée parce qu'elle était précieuse. Mais elle ne parvenait pas à oublier les paroles de son père. Ce qu'elle prenait pour de la réserve de la part de sa mère était en réalité de l'indifférence. Elle aurait voulu être indulgente avec ses parents en se disant qu'ils n'étaient pas conscients du mal qu'ils lui avaient fait, mais la déception était trop grande. Quelque chose s'était brisé en elle. Elle savait qu'elle ne leur pardonnerait pas. Ses parents avaient été sa seule famille ; elle constata tristement qu'à présent, elle n'avait plus personne.

Comme pour la détromper, des gazouillements la tirèrent de ses pensées moroses et la ramenèrent à Julie. Voilà déjà presque un mois qu'elle était entrée officiellement dans la vie d'Isabelle. Il lui avait fallu s'organiser rapidement. Pour échapper aux marques d'admiration qui la mettaient très mal à l'aise, elle avait résolu d'en dire le moins possible sur Julie : elle la gardait pendant quelques mois, point. Mais c'était sans compter sur les interrogations que suscitait cette situation et sur la langue bien pendue de Maryvonne, qui avait ajouté Julie à la ribambelle d'enfants dont elle avait déjà la garde. Ne pouvant décemment pas la lui déposer à 4 heures du matin, Isabelle avait dû renoncer à ses sacro-saints horaires décalés et, pour cela, demander une dérogation spéciale à ses supérieurs. Si elle s'était montrée très évasive dans sa lettre sur les raisons qui l'avaient conduite à avoir un bébé en charge, elle n'avait pas échappé aux questions plus inquisitrices de sa responsable durant l'entretien, et la rumeur avait fait son chemin. À présent, à l'aéroport comme dans le village, tout le monde savait qu'elle avait recueilli un bébé coréen dont la maman adoptive était décédée et dont le papa était parti en Afrique. Elle la regarda, attendrie, jouer avec ses mains en faisant des vocalises. Installée dans son petit transat, la petite battit des pieds en la fixant intensément, puis lui décrocha son plus beau sourire. Émue, Isabelle la prit dans ses bras, la serra contre elle et la couvrit de baisers en lui disant :

— On s'est bien trouvées toutes les deux, tu ne crois pas ?

53

ARMELLE SE RECULA POUR CONTEMPLER SON ŒUVRE, puis revint déplacer une guirlande. Elle regarda fièrement le sapin qui trônait, majestueux, dans la pièce qu'elle avait décorée avec soin. La fête de Noël la mettait toujours en joie et elle avait à cœur de tout préparer afin qu'elle soit la plus réussie possible. Cette année, la famille allait compter deux personnes de plus qui, si elles n'étaient pas encore en âge de comprendre, n'en auraient pas moins leurs paquets enrubannés sous l'arbre. Elle regarda sa montre, impatiente d'aller chercher Andrew à la gare et de revoir sa nièce qui avait six mois à présent et devait avoir bien changé. La mère d'Élise ne s'était jamais manifestée et son cousin qui, à sa connaissance, n'avait pas de nouvelle compagne, assumait parfaitement son rôle de père célibataire. Pour protéger l'équilibre de sa fille, elle savait qu'il avait opté pour la solution de la nourrice à domicile à qui il avait aménagé une chambre dans son appartement. Armelle se réjouit de déplier à nouveau le canapé-lit du salon et de retrouver l'ambiance animée de l'été précédent. Elle eut un pincement au cœur en pensant à Isabelle qu'elle avait été contrainte d'exclure de la réunion familiale et se promit de l'appeler le soir de Noël.

* * *

Isabelle voyait approcher les fêtes avec appréhension. Elle détestait cette période qui lui rappelait les Noëls de son enfance dans le silence de la salle à manger, avec ses parents pour unique compagnie. La seule évocation du boudin blanc aux truffes et de la bûche aux marrons lui provoquait un frisson de dégoût. Par chance, son métier lui avait permis d'échapper au sinistre repas et, chaque année, elle s'était portée volontaire pour voler ce jour-là, jusqu'à ce qu'elle rencontre Andrew qui ne concevait pas de passer le Christmas Day sans la femme qu'il aimait. Il avait réussi à l'émerveiller devant le sapin et la crèche scintillant de mille feux, mais la magie de Noël était repartie avec lui.

Isabelle avait eu du mal à trouver une place sur le parking du supermarché et, en voyant les files d'attente aux caisses, elle regretta de ne pas être allée, comme d'habitude, chez l'épicier du village pour faire ses courses. Elle avança entre les rayons qui regorgeaient de nourriture, étourdie par l'effervescence des consommateurs qui remplissaient leurs caddies. En essayant de se frayer un passage parmi eux, elle entendit certains récapituler leur menu de réveillon à voix haute et, malgré son écœurement, elle ne put s'empêcher de ressentir une pointe d'envie.

L'aéroport était désert ce soir de Noël et le plateau-repas d'Isabelle avait le même goût que la dinde de sa mère : celui de la solitude. Elle avait été soulagée de travailler pour le réveillon, mais à présent elle avait hâte de rentrer chez elle. À 23 h 30, l'équipe de nuit vint prendre la relève pour assurer les arrivées nocturnes. Elle avait obtenu une dérogation spéciale la dispensant d'horaires décalés pendant un an mais exceptionnellement, elle avait accepté de remplacer une collègue mère de famille que les enfants réclamaient pour Noël.

Un peu gênée de venir chercher Julie aussi tard, bien que Maryvonne lui eût affirmé que ce soir cela n'avait aucune importance, Isabelle frappa discrètement. Après plusieurs tentatives sans réponse, elle se décida à ouvrir timidement la porte. Un brouhaha montait de la pièce principale, raison pour laquelle elle n'avait certainement pas été entendue. Elle avança et découvrit une tablée d'au moins vingt personnes dont les conversations se superposaient, obligeant chacun à monter le ton pour se faire entendre. Des bouteilles vides et des reliefs de repas jonchaient la nappe ajourée, tachée à de nombreux endroits ; seuls les petits anges en papier sur lesquels figuraient les noms des invités semblaient avoir gardé leur prestance. À cette heure avancée, la tenue de fête des convives avait elle aussi perdu de son élégance et les visages écarlates étaient luisants de sueur. Isabelle commençait également à transpirer sous son uniforme. En l'apercevant, Maryvonne se leva et lui dit avec un grand sourire :

— Entrez, Isabelle ! Vous arrivez juste à temps pour la bûche.

À l'évocation de ce gâteau, Isabelle réprima un haut-le-cœur.

— C'est gentil, merci, mais je vais rentrer, je ne veux pas vous déranger !

— Taratata ! Ne faites pas de manières, venez vous asseoir avec nous !

Ne voulant pas la vexer, Isabelle s'assit sur la chaise qu'elle était allée lui chercher et se rendit compte que Julie, qu'elle pensait couchée, était endormie dans les bras d'une des invitées. Devant son air étonné, Maryvonne lui expliqua :

— On ne pouvait pas la laisser toute seule dans la chambre un soir de Noël, quand même. Elle a eu du succès. Tout le monde l'a prise à tour de rôle.

À ce moment, une cavalcade retentit dans l'escalier. Une dizaine de gamins de tous âges, parmi lesquels Isabelle reconnut Stéphane, se précipitèrent en criant : « C'est l'heure du père Noël ! » En effet, le mari de Maryvonne, qui s'était discrètement éclipsé, revint vêtu de la fameuse robe rouge, et d'une barbe blanche qui, si elle ne trompait pas les plus grands, subjuguait les petits qui le regardèrent, intimidés, faire sa distribution de cadeaux. Entre-temps, Stéphane était venu embrasser Isabelle et il resta près d'elle pour regarder la scène. Elle passa un bras autour de son épaule et il se serra aussitôt contre elle. Corinne devait être à New York en ce moment, et Isabelle comprit qu'elle lui manquait.

Le père Noël était reparti sur son traîneau et le sol était jonché de papier cadeau. Tandis que les enfants prenaient possession de leurs nouveaux jouets, les bouchons de champagne sautèrent et Isabelle mangea la bûche de Noël avec appétit, étonnée de lui trouver une nouvelle saveur.

Ce fut tard dans la nuit qu'elle rejoignit son domicile, Julie emmitouflée dans ses bras. Elle la coucha aussitôt et, épuisée par les émotions de cette soirée un peu spéciale, s'apprêtait à en faire autant, quand elle aperçut le voyant rouge du répondeur. Surprise, elle écouta le message : « Bonsoir Isabelle, c'est Armelle ! Joyeux Noël, ma belle ! J'espère que tout se passe bien pour toi. On est tous réunis et vous nous manquez avec Julie. On vous embrasse fort ! »

En lui montrant qu'elle pensait à elle, Armelle avait certainement voulu lui faire plaisir, mais elle avait retourné le couteau dans la plaie et le désarroi qui couvait en Isabelle surgit en un flot de larmes. Elle qui avait toujours rêvé d'une vraie famille, avec des frères, des sœurs, des cousins, des cousines se sentit seule, terriblement seule.

54

COMME CHAQUE MATIN, Isabelle prit son service à 8 heures et s'informa de son planning de la journée. Pour permettre à Julie d'avoir un rythme régulier, elle avait choisi de se plier à des horaires fixes qui impliquaient d'avoir souvent le même programme. Elle ne fut donc pas surprise de se voir une nouvelle fois affectée à l'embarquement du Concorde. Elle se prépara à passer trois heures assise à l'entrée du salon pour accueillir des passagers qu'elle avait autrefois accompagnés de l'autre côté de l'océan, perspective qui ne la réjouissait guère. Elle savait qu'elle ne volerait plus jamais sur le bel oiseau blanc qu'elle aimait tant, et ses regrets avaient tendance à présent à se transformer en aigreur.

L'imprimante crépita, déroulant la liste des voyageurs du jour qu'Isabelle avait à consulter afin d'y repérer d'éventuelles personnalités auxquelles elle devrait apporter une attention supplémentaire. Le surligneur à la main, elle commença à lire les noms les uns après les autres, quand soudain, son cœur sembla s'arrêter : Andrew Thomson faisait partie des passagers.

Oubliant de poursuivre ses investigations, elle abandonna la feuille sur son bureau et se leva pour mettre en place les journaux que le coursier venait de livrer, mais ses mains tremblaient tellement qu'elle se coupa en défaisant le lien qui les entourait. En portant son doigt à la bouche pour cautériser l'entaille, elle laissa dessus une empreinte de rouge à lèvres qu'elle essaya d'effacer en la frottant avec son autre main, mais qu'elle ne parvint qu'à étaler. Elle était en train de pester quand une voix teintée d'un léger accent la fit sursauter. Elle se retourna brusquement et reconnut aussitôt les lunettes fumées, la lavallière et le catogan de l'icône de la haute couture, un grand habitué du Concorde, qui se tenait devant elle.

Aussi rouge que ses doigts tachés qu'elle tentait de cacher, elle bredouilla : « Bonjour, monsieur Lagerfeld ! » Le couturier était en avance, comme d'habitude, et si elle avait consulté correctement sa liste, elle aurait anticipé son arrivée. Avec la distinction qui le caractérisait, il s'inclina légèrement devant elle et entra dans le salon sans qu'elle ne puisse ajouter un mot. Confuse, elle se dit qu'elle devait se ressaisir et reprit le papier imprimé, mais elle ne parvenait pas à se concentrer sur son travail. Ses pensées revenaient sans cesse à Andrew, dont elle guettait nerveusement l'apparition.

* * *

En entrant au terminal 2A de l'aéroport Charles-de-Gaulle, Andrew n'eut qu'une brève pensée pour Isabelle. Son esprit était accaparé par un autre sujet. C'était la première fois qu'il partait en voyage depuis qu'Élise était arrivée dans sa vie et, bien qu'il eût toute confiance en la baby-sitter, il ne pouvait s'empêcher d'être inquiet. Un peu honteux, il pensa à sa mère qu'il n'avait pas avertie de sa venue à New York, sachant que cette fois, il n'aurait pas le temps de passer la voir. Il voulait s'éloigner le moins longtemps possible de sa fille. À Paris, il avait pris l'habitude de ramener son travail à terminer chez lui pour être près d'elle et il était joignable à tout moment en cas de problème. Savoir qu'un océan allait les séparer lui mettait une boule au ventre. C'était donc la tête ailleurs qu'il patientait à l'entrée du salon, quand une voix qu'il aurait reconnue entre mille attira son attention.

Il blêmit : Isabelle était bien là, devant lui, séparée par une personne qui allait bientôt lui céder la place. Paralysé par l'émotion, il n'osait pas poser ses yeux sur le visage aimé qu'il n'avait pas revu depuis presque deux ans. Isabelle lui décocha son joli sourire commercial :

— Bonjour monsieur, bienvenue dans le salon Concorde.

Mais le léger tremblement de sa voix n'échappa pas à Andrew. Encouragé par cette constatation, il jeta un coup œil derrière lui pour s'assurer que personne n'entendait et lui dit doucement :

— Isabelle, on ne peut pas rester sur une rupture aussi moche. J'ai besoin de te parler. Je rentre dans trois jours, appelle-moi pour qu'on se voie.

Sans répondre, Isabelle le laissa entrer dans le salon. Elle était perplexe. Elle se dit qu'une rupture, c'était toujours moche. À quoi bon reparler de toutes ces choses qu'elle avait voulu oublier ? Mais d'un autre côté, elle reconnaissait qu'elle n'avait pas été très correcte avec lui en partant sans le prévenir. Puisqu'il semblait avoir besoin qu'ils se revoient pour pouvoir enfin passer à autre chose, elle allait accepter de le rencontrer une dernière fois.

* * *

Ils avaient parlé pendant quatre heures et le restaurant était sur le point de fermer. Le repas avait été délicieux et le champagne avait coulé à flots. Comme le jour de leur première rencontre, ils remontèrent les Champs-Élysées. Andrew résista à la tentation de réchauffer Isabelle qui claquait des dents sous le froid mordant de ce mois de février. Elle était épuisée par leur échange, vidée d'avoir dû louvoyer entre les allusions de Andrew qui, elle l'avait compris, n'avait pas tourné la page de leur histoire. Elle-même avait dû lutter contre ses propres émotions. Pourtant, elle savait qu'elle ne retournerait pas avec lui. Elle avait écouté son repentir avec indulgence et lui avait tout pardonné mais l'existence d'Élise lui rappelait leur échec qui, elle en était sûre, resterait toujours un obstacle entre eux.

Ils marchaient côte à côte vers l'endroit où elle avait laissé sa voiture, quand soudain Andrew la rattrapa par le bras, lui évitant de justesse de s'étaler sur le trottoir gelé. Sans la lâcher, il lui dit :

— Isabelle, ne rentre pas chez toi maintenant, ce n'est pas prudent. L'alcool, la nuit, le verglas : toutes les conditions sont réunies pour que tu risques l'accident. Dors à la maison, je te promets que je prendrai le canapé.

Isabelle réfléchit. Pour ne pas déranger Maryvonne à son retour, elle lui avait laissé Julie pour la nuit. Elle était transie et ne se sentait vraiment pas en état de conduire pendant quarante kilomètres, de nuit, sur une route glissante, alors elle accepta.

Dès qu'elle pénétra dans le hall de l'immeuble, les souvenirs affluèrent, lui faisant regretter sa décision. La gorge serrée, elle laissa Andrew insérer la clé dans la serrure et le précéda dans ce qui avait été son domicile pendant quatre ans. À sa grande surprise, le décor avait complètement changé. Les objets qu'ils avaient chinés ensemble ainsi que les meubles anciens rénovés par ses soins avaient disparu. Le canapé en bambou qu'elle avait recouvert et assorti aux rideaux avait été remplacé par un convertible en cuir aux lignes sobres et le bois avait cédé la place à l'aluminium et au verre fumé. Un peu vexée, mais soulagée de ne pas se retrouver dans leur environnement d'autrefois, elle félicita Andrew pour cet aménagement, même si au fond, elle le trouvait un peu froid.

Tandis qu'il allait lui préparer une tisane pour la réchauffer, elle s'approcha du meuble hi-fi et regarda les disques, parmi lesquels elle choisit « Take The Long Way Home » de Supertramp qu'elle posa sur la platine en prenant soin de baisser le volume pour ne pas réveiller Élise et la babysitter, endormies dans la chambre à côté. Lorsqu'il revint avec les tasses fumantes, Andrew eut un temps d'arrêt en entendant cette chanson et Isabelle, voyant qu'il hésitait à s'asseoir près d'elle, lui fit signe d'approcher. Installés l'un près de l'autre sur le canapé, ils burent en silence. Andrew n'osait pas tourner la tête vers Isabelle qui lui paraissait plus belle que jamais. Mais la fatigue et le champagne dont elle avait un peu trop abusé ne tardèrent pas à avoir raison d'elle et elle finit par s'endormir contre lui.

Andrew resta un moment immobile, enivré par ce parfum qui avait hanté son appartement pendant des mois et qui réveillait en lui des souvenirs douloureux. Il aurait voulu rester toute la nuit ainsi mais, fidèle à sa promesse, il la souleva doucement puis la porta jusqu'à la chambre. Au moment de la déposer sur le lit, il perdit l'équilibre. Isabelle s'accrocha à son cou par réflexe et, entraîné par son poids, il bascula avec elle.

Andrew fut pris de panique : Isabelle allait penser qu'il l'avait trahie. Mais au moment où il voulut se dégager, elle émit un petit grognement de protestation. Il ne savait si elle était éveillée ou non. Il avait la tête dans son cou et ne put résister à l'envie d'y poser ses lèvres. Il sentit Isabelle frissonner dans son demi-sommeil. Son cœur battait la chamade. Il savait qu'il était en train de jouer avec le feu et qu'il devait faire taire ce désir qui l'envahissait. Mais Isabelle se pressa contre lui, encourageant les caresses que ses mains brûlantes retenaient. Alors il capitula.

* * *

Isabelle se réveilla en sursaut et consulta sa montre : il était presque 6 heures. Andrew à ses côtés était encore profondément endormi. Elle avait retrouvé toute sa lucidité et se dit qu'elle venait de faire une énorme bêtise. Sans faire de bruit, elle se leva, s'habilla puis traversa l'appartement à pas de loup, soulagée de le trouver encore silencieux, avant de sortir en tirant la porte derrière elle. Alors que cette soirée était censée mettre un terme définitif à leur relation dans la dignité, voilà qu'elle s'échappait à nouveau comme une voleuse. Pourquoi ne s'en était-elle pas tenue au restaurant et avait-elle accepté de passer la nuit ici ? Des routes verglacées en pleine nuit, elle en avait affronté d'autres, et s'il était vrai qu'elle avait bu un peu plus que de coutume, elle n'avait pas vu venir le véritable danger. L'émotion violente qu'elle avait ressentie les deux fois où elle l'avait croisé par hasard aurait pourtant dû lui mettre la puce à l'oreille, lui faire comprendre que cet amour dont elle ne voulait plus était toujours là, tapi au fond de son cœur et ne demandant qu'à refaire surface. À présent, elle fuyait par peur de succomber à nouveau. Car la blessure qu'il lui avait laissée était bien trop profonde. Elle regrettait d'avoir peut-être laissé de faux espoirs à Andrew. Elle repoussa le souvenir de cette nuit exquise où leurs corps avaient retrouvé leur osmose, et essuya d'un geste de la main ses larmes qui ne cessaient de couler, obstruant sa vue déjà gênée par le brouillard givrant. Malgré la douleur qui lui transperçait la poitrine, elle savait qu'elle avait pris la bonne décision.

55

ISABELLE, ACCROUPIE, régla son objectif et appela Julie qui se dandina vers elle d'un pas mal assuré. Elle la regarda s'approcher à travers son viseur et, quand elle la jugea suffisamment près, elle appuya sur le déclencheur. Julie avait fait ses premiers pas quelques jours auparavant chez Maryvonne et depuis, Isabelle la mitraillait. Elle avait fait une folie en s'offrant un Reflex. C'était un peu un défi car, quand elle l'avait acheté, elle ignorait tout de l'utilisation de cet appareil sophistiqué. À présent, grâce à l'aide de son manuel, les « vitesse d'obturation » et « profondeur de champ » n'avaient plus de secrets pour elle. Immortaliser sur du papier glacé les instants importants de la vie de Julie était le moyen qu'elle avait trouvé pour les partager avec Antoine. Elle se passionnait pour son nouveau loisir qui, elle le savait, était également une manière de se rapprocher un peu d'Agnès.

Julie allait bientôt avoir un an. Il était convenu qu'elle soufflerait sa première bougie chez Armelle, la seule confidente d'Isabelle, l'unique personne qui connût la vérité à propos de Julie. Elle n'avait pas osé l'appeler depuis son faux pas avec Andrew, deux mois auparavant. Elle n'avait de nouvelles ni de l'un, ni de l'autre et elle ignorait si Andrew l'avait mise au courant de ce qui s'était passé entre eux.

Elle se décida donc à rompre le silence et composa son numéro. Au bout de plusieurs sonneries, Armelle décrocha :

— Allô !

En entendant sa voix douce, Isabelle se rendit compte à quel point son amie lui avait manqué.

— Coucou Armelle ! Comment vas-tu ?

— …

— Armelle ?

— Qu'est-ce qui t'amène ? demanda-t-elle sur un ton glacial.

Perturbée par cet accueil qui ne lui ressemblait pas, elle balbutia :

— Julie va bientôt avoir un an !

— Ah oui, et alors ?

Les yeux d'Isabelle se remplirent de larmes.

— Qu'est-ce qui se passe, Armelle ?

— Il se passe que je ne sais pas à quel jeu tu joues, Isabelle, mais ça ne m'intéresse plus.

— Tu es au courant pour Andrew, c'est ça ?

— Évidemment, qu'est-ce que tu crois ? Je te rappelle que tu avais déjà laissé mon cousin en miettes et que j'avais recollé les morceaux. À l'époque, j'avais cru à tes bons sentiments. Mais là, ce que tu viens de lui faire, franchement, je trouve ça ignoble. Je croyais que tu ne voulais plus en entendre parler ?

— C'est lui qui a voulu qu'on se revoie. On s'était rencontrés à Roissy.

— Et tu étais obligée de recoucher avec lui ? Pour le laisser ensuite comme une merde ?

Isabelle était atterrée. C'était la première fois qu'elle entendait Armelle prononcer des mots aussi grossiers et elle ne l'avait jamais vue en colère.

— Non, je sais, c'était n'importe quoi, fit-elle, penaude.

— Sauf que lui, il y a cru ! C'est dégueulasse !

— Pardon, je suis désolée, Armelle. Tu sais bien que j'ai toujours des sentiments pour lui et que c'est la raison pour laquelle je ne voulais pas le revoir.

Armelle se calma et reprit sa voix douce pour lui dire :

— Moi aussi, je suis désolée, Isabelle. Tu m'as profondément déçue. Et ne t'avise surtout pas de rappeler Andrew. Il ne veut plus entendre parler de toi.

Et elle raccrocha, laissant Isabelle effondrée.

56

ISABELLE ÉTALA SUR LA TABLE TOUTES LES PHOTOS de Julie et constata avec satisfaction que ses talents de photographe avaient bien progressé. Elle était plutôt fière du résultat et allait pouvoir les soumettre à l'œil du professionnel sans rougir… si toutefois il se décidait à refaire surface. Antoine et elle avaient échangé une correspondance amicale pendant plusieurs mois. Il lui envoyait régulièrement des cartes postales auxquelles elle répondait en lui donnant des nouvelles de Julie. Peu avant la date prévue de son retour, il l'avait prévenue que la personne qu'il remplaçait n'étant pas encore en état de reprendre son service, on lui avait demandé de prolonger son contrat de deux mois, ce à quoi Isabelle avait répondu que cela ne lui posait pas de problèmes. Les deux mois étaient passés et depuis, c'était le silence. Les dernières lettres qu'elle lui avait envoyées et dans lesquelles elle avait glissé des photos de Julie étaient restées sans réponse. À présent, elle était inquiète. Était-il toujours en Afrique ?

L'anniversaire de Julie approchait et Isabelle tenait absolument à célébrer l'événement. Elle avait d'ailleurs pris quelques jours de congé à cette intention. Mais avec qui partager cette fête ? Elle pensa à Armelle avec tristesse.

Elle ne pouvait se résoudre à l'idée qu'elle soit sortie définitivement de sa vie. Un jour elles se réconcilieraient, elle en était sûre, mais il était encore trop tôt ; il fallait attendre que le ressentiment d'Armelle s'estompe. Isabelle pensa alors à Corinne et à la distance qui s'était installée entre elles. Depuis qu'elle lui avait menti pour la protéger, Isabelle ne parvenait plus à se confier à elle et, lassées de se dire des banalités au téléphone, elles avaient espacé leurs appels. Isabelle fut prise d'un vertige en se rendant compte qu'elle avait fait le vide autour d'elle. Allait-elle devenir comme ses parents et finir seule ? Et Antoine qui ne lui donnait plus signe de vie…

* * *

Les premiers beaux jours d'avril attiraient du monde sur les plages de Normandie, mais le petit hôtel de Jullouville où Isabelle avait réservé une chambre n'attendait pas beaucoup de clients avant les vacances de Pâques. Aussi leur visite était-elle la bienvenue. Isabelle se gara sur le petit parking de l'hôtel et souleva Julie du siège auto, puis se dirigea vers l'entrée. Dès qu'elle les aperçut, la patronne posa le verre qu'elle était en train d'essuyer derrière le bar et se précipita vers elles. Julie commençait à peser un peu lourd dans ses bras ; Isabelle la déposa sur le sol de la grande salle. En la voyant se déplacer vers elle, l'hôtelière s'exclama :

— Comme elle est mignonne, cette petite fille ! Quel âge a-t-elle ?

— Elle aura un an demain, répondit Isabelle fièrement.

— Combien de temps restez-vous ?

— Deux ou trois jours, je dois aller en Bretagne ensuite.

— Pourquoi, c'est pas assez bien la Normandie ? demanda-t-elle en prenant un air faussement vexé.

— Si, j'aime beaucoup. Je serais bien restée plus longtemps mais j'ai des affaires à régler.

L'hôtelière fit un signe entendu de la tête et lui tendit une clé :

— L'hôtel est presque vide. Je vous donne la chambre qui a la plus belle vue sur la mer. Vous voulez un lit pliant pour la petite ?

— Oh oui, merci !

— Vous pouvez aller chercher vos affaires dans la voiture, je vous la garde, ajouta-t-elle en prenant Julie dans ses bras.

Isabelle revint quelques minutes plus tard avec sa valise et ce qu'elle entendit la figea sur place : Julie était en pleurs et, pour la consoler, l'hôtelière était en train de lui dire : « C'est rien, elle va revenir, maman ! » Comme pour confirmer ses dires, Julie se calma dès qu'elle l'aperçut et lui tendit les bras. Isabelle était abasourdie. Cette brave femme qui ignorait tout de son statut auprès de Julie et qui devait penser qu'elle l'avait adoptée venait de lui ouvrir les yeux. Jour après jour, semaine après semaine, mois après mois, elle avait, sans s'en rendre compte, pris une place dans le cœur de Julie : celle de sa mère.

De sa chambre prolongée par un petit balcon qui surplombait la plage, la vue était en effet magnifique. Isabelle ne parvenait pas à trouver le sommeil. Elle regarda Julie qui s'était endormie dans son petit lit, bercée par le bruit du ressac et elle repensa à son attitude de l'après-midi. C'était une enfant facile, qui était toujours passée de bras en bras sans problème. C'était la première fois qu'elle manifestait un tel attachement pour elle. Jusque-là, elle était restée volontiers avec Maryvonne et n'avait jamais versé la moindre larme à son départ. Isabelle se rendait compte que, plus le temps passait, plus la séparation serait difficile, et se dit qu'il fallait absolument qu'Antoine se décide. Elle espérait vraiment que sa visite à Dinan lui permettrait d'avoir de ses nouvelles.

Elle se sentit un peu barbouillée et eut besoin de prendre l'air. Elle enfila une veste et sortit sur le balcon. La lune était pleine et sa lueur lui permettait de distinguer les vagues se briser sous ses yeux. Elle s'accouda à la rambarde. Au loin, les feux des bateaux s'agitaient au gré de la houle. Le vent souleva ses cheveux et ses narines s'emplirent de l'air iodé de la Manche. Elle ferma les yeux et repartit cinq ans en arrière : Andrew était près d'elle et tous deux contemplaient l'immensité de la mer. Au souvenir de ce moment d'intense communion, une larme déborda de ses paupières closes. Comment avaient-ils pu se déchirer à ce point ?

Elle frissonna. La température avait baissé. Elle rentra dans la chambre où Julie dormait en toute innocence et finit par se glisser sous les draps elle aussi.

Le lendemain matin, après un copieux petit déjeuner et un biberon aux céréales, Isabelle installa Julie dans la poussette et, l'appareil photo en bandoulière, l'emmena se promener. La marée était au plus bas et la plage s'étendait devant elles, immense et déserte. Elle roula sur le sable mouillé en évitant les mares que la mer avait laissées en se retirant. Julie, intriguée, regarda les mouettes s'envoler à leur approche et Isabelle éclata de rire en l'entendant essayer d'imiter leur cri. Elle était heureuse de l'avoir amenée ici, même si ce n'était pas ce qu'elle aurait souhaité pour son premier anniversaire. À leur retour à l'hôtel, une surprise les attendait, effaçant les derniers regrets qu'Isabelle aurait pu avoir. Marceline, la patronne de l'hôtel, leur avait préparé un repas. En principe, elle ne servait pas à midi hors saison, mais elle avait fait une exception. Isabelle fut touchée par son attention et quand, après sa purée de légumes, elle apporta à Julie un gâteau sur lequel brûlait une bougie, elle ne put retenir ses larmes.

Isabelle avait immortalisé sur la pellicule tous les instants marquants de ce séjour qui resterait gravé à jamais dans sa mémoire et, après avoir promis à Marceline qu'elles reviendraient, elles avaient repris la route. Elles étaient restées un peu plus longtemps que prévu à Jullouville et il ne fallait pas qu'Isabelle se détourne du motif initial de son voyage : reprendre contact avec le père adoptif de Julie.

Arrivée à Dinan, elle passa devant le café où Agnès l'avait emmenée neuf mois plutôt avec une pointe au cœur. Au fil du temps, son sentiment de culpabilité envers elle s'était un peu atténué, mais il ressurgissait à la moindre occasion. Aujourd'hui, son unique préoccupation devait être le bien-être et l'équilibre de sa fille ; c'est pourquoi elle ne la laisserait à son père que si ces conditions étaient remplies. Elle aperçut la boutique au loin et il lui sembla que le rideau était ouvert. Antoine était-il de retour ? Dans ce cas, pourquoi ne l'avait-il pas prévenue ?

En s'approchant, elle eut un choc. Les bébés joufflus et les mariés de la vitrine avaient cédé la place à des femmes au maquillage parfait : le magasin de photo des Guichard était devenu une parfumerie.

57

ISABELLE DÉPOSA LA VALISE et se déchargea de Julie qui trottina directement vers sa chambre. Isabelle avait aménagé pour elle la pièce censée lui servir de bureau et qui, au fil du temps, s'était transformée en débarras. Il y régnait à présent un nouveau désordre fait d'animaux en peluches, de cubes et autres jouets qui mettait de la gaîté dans sa maison.

Elle abandonna les bagages dans l'entrée et s'approcha du répondeur avec l'espoir insensé de voir clignoter la petite lumière prouvant que quelqu'un avait pensé à elle pendant son absence. Le nombre de personnes susceptibles de l'appeler s'était considérablement restreint, jusqu'à être à présent proche de zéro ; aussi, quand elle aperçut le voyant rouge bel et bien allumé, son cœur fit un bond. Elle appuya sur le bouton et quelle ne fut pas sa surprise quand elle reconnut son interlocuteur : « Bonjour Isabelle, c'est Antoine. Pardonnez-moi mon silence, mais il m'a fallu un long de temps de réflexion avant de prendre ma décision et ce que j'ai à vous dire ne se fait pas par écrit. Je suis en déplacement à Paris. Pourrions-nous nous voir ? Je vous laisse le numéro de téléphone de mon hôtel où vous pourrez me laisser un message. À très bientôt, j'espère, et excusez-moi encore une fois. »

Elle s'empressa d'aller chercher une feuille de papier et prit un stylo dans le porte-crayon posé près du téléphone. Elle écouta le message une seconde fois et nota le numéro qu'elle composa aussitôt.

* * *

Isabelle était une piètre cuisinière. Sa mère, avec sa phobie des accidents, l'avait toujours tenue à l'écart de la cuisine, et quand elle fut considérée comme étant en âge d'apprendre, elle avait déjà quitté le domicile parental. Elle ne possédait même pas un four, seulement deux plaques électriques qu'elle n'utilisait régulièrement que depuis qu'elle devait faire chauffer au bain-marie les petits pots de Julie.

Pourtant, lorsque Antoine la rappela pour convenir d'un rendez-vous, il lui sembla évident de l'inviter à déjeuner. Il n'était pas question pour elle qu'ils se retrouvent dans l'ambiance impersonnelle d'un restaurant. Elle voulait qu'il voie Julie évoluer dans un environnement familier, qu'il se rende compte de ce qu'avait été sa vie pendant son absence, peut-être même lui faire rencontrer Maryvonne. Elle avait d'ailleurs eu recours à la nounou qui lui avait prêté un faitout et donné une recette de bœuf bourguignon, dont elle lui « dirait des nouvelles ». Une grande première pour Isabelle. Elle se leva tôt pour préparer les ingrédients achetés la veille au marché, découvrit qu'on pouvait pleurer en émincant des oignons, et la vaisselle acquise lors de son emménagement quitta enfin son emballage. Tout était prêt. La table était joliment décorée. Isabelle maniait la cuiller en bois selon les conseils de Maryvonne, et la sauce au vin, qu'elle s'efforçait de maintenir au chaud sans la faire attacher, répandait dans la maison un délicieux fumet. Elle était fière d'elle. Malgré l'angoisse qui la tenaillait, elle essayait de rester optimiste : Antoine allait retrouver sa fille.

Elle avait fait déjeuner Julie de bonne heure et l'avait couchée pour la sieste quand elle entendit une voiture s'arrêter dans la rue. Elle regarda par la fenêtre et son cœur s'accéléra : c'était lui. Elle vit qu'il n'avait pas oublié le bouquet de fleurs, mais elle fut cruellement déçue de constater qu'il n'avait pas le moindre cadeau pour Julie. Visiblement, il n'avait pas pensé à son anniversaire. En lui ouvrant la porte, elle remarqua tout de suite son air gêné et son bel optimisme flancha. Elle le remercia pour les fleurs et, tandis qu'elle les mettait dans un vase, lui indiqua le canapé devant lequel elle avait disposé l'apéritif. C'était la première fois qu'elle recevait chez elle et elle se plaisait à jouer les maîtresses de maison. Elle se revit dans la cuisine chez Antoine et se dit que son embarras venait peut-être de l'aspect un peu trop solennel qu'elle avait donné à sa visite. Elle repensa furtivement aux assiettes auxquelles ils n'avaient pas touché ce jour-là et elle se demanda si le moment du dessert ne serait pas plus propice pour aborder le sujet de sa venue. Elle ne s'était pas donné tout ce mal pour que son repas reparte intact.

Elle se rendit compte qu'en réalité, elle cherchait un prétexte pour retarder cet instant car elle était morte de peur. Elle revint vers lui avec le vase qu'elle posa sur la table basse, puis leur servit chacun un verre et s'assit en face de lui. Il était très bronzé et les cernes sous ses yeux avaient disparu. Il était visiblement en train de remonter la pente.

— Julie n'est pas là ? demanda-t-il.

Une question anodine, qui pourtant bouleversa Isabelle. Enfin, il lui montrait de l'intérêt ! Elle lui répondit en souriant :

— Elle dort.

L'émotion d'Isabelle n'échappa pas à Antoine. Il la regarda dans les yeux et lui déclara :

— Bon, on ne va pas tourner autour du pot. J'ai constaté à travers vos lettres combien vous vous étiez attachées l'une à l'autre, et Julie a besoin d'une maman. Alors voilà : ce que je vais vous demander est très sérieux et bien évidemment, je n'attends pas de réponse aujourd'hui. Seriez-vous d'accord pour l'adopter ?

Isabelle attrapa son verre de martini et en avala une rasade, puis bredouilla :

— Mais… c'est que…

— Je sais que c'est une lourde responsabilité. Ne vous sentez pas obligée d'accepter. Et rassurez-vous. Si vous n'êtes pas d'accord, je me chargerai de l'éducation de Julie. Je vais prolonger mon séjour en Afrique et probablement y rester définitivement. Après la Corée et la France, elle pourrait aussi s'adapter à l'Afrique, mais je suis convaincu qu'elle sera plus heureuse avec vous.

— Mais on ne peut pas l'adopter tous les deux…

— Je sais. À moins que vous acceptiez de m'épouser, ajouta-t-il pour plaisanter.

L'image d'Agnès apparut brusquement dans son esprit et son visage se décomposa lorsqu'il prit conscience de l'énormité qu'il avait dite.

Isabelle ne releva pas. Mais le sentiment d'usurpation qu'elle avait réussi à tenir à distance était revenu.

Très mal à l'aise, elle prit une inspiration avant de prendre la parole à son tour :

— Le problème pour moi, ce n'est pas d'élever Julie. Je l'aime déjà comme si c'était mon propre enfant. Ce qui me pose un cas de conscience, c'est de l'adopter à votre place et devoir pour cela vous accuser de l'avoir abandonnée alors qu'en réalité vous me l'avez confiée. Je refuse de faire un faux témoignage, d'autant qu'il y a beaucoup de monde pour attester du contraire.

— Bien entendu ! Mais j'ai déjà pris conseil auprès d'un avocat. Vous n'aurez pas à déposer plainte contre moi, simplement à témoigner. Je vais rédiger une lettre attestant que je renonce à mes droits sur Julie et que je vous la laisse. Il y aura un jugement à l'issue duquel je serai condamné et déchu de mes droits sur elle, et elle sera à nouveau adoptable.

En réalité, le cas de conscience d'Isabelle ne s'arrêtait pas à ce simple témoignage. Elle avait beau se répéter qu'elle n'avait été que la victime d'un concours de circonstances, elle avait honte de ce qu'elle ne pourrait jamais avouer à cet homme.

— Mais il y a un risque pour qu'elle me soit retirée pendant ce laps de temps, objecta-t-elle. On ne pourrait pas plutôt continuer comme on le fait en ce moment ? Vous restez son père et moi je l'élève ?

— Il vous faudra toujours ma signature et mon autorisation. Habitant l'Afrique, ça serait vraiment compliqué, pour ne pas dire impossible, surtout quand elle sera scolarisée.

À ce mot, Isabelle prit conscience de ce qu'ils étaient en train d'organiser : Julie allait rester avec elle pour toujours. Son rêve le plus fou se réalisait, et pourtant elle ne parvenait pas à s'en réjouir vraiment. Au fond d'elle-même sommeillait toujours la culpabilité d'avoir volé l'enfant d'Agnès.

— Et si vous m'en confiiez seulement la tutelle ?

— Je crains que ça ne nous oblige à faire les mêmes démarches, mais je vais voir ça avec mon avocat et on fera pour le mieux. Est-ce que je dois comprendre que vous avez déjà pris votre décision ? demanda-t-il en levant vers elle un regard plein de gratitude.

Isabelle baissa les yeux, terriblement gênée par cette reconnaissance qu'elle savait ne pas mériter totalement. Puis elle le regarda à nouveau :

— Je crois, mais quelque chose me tracasse quand même. Avez-vous l'intention de disparaître ensuite de la vie de Julie ?

Il sourit d'un air malicieux :

— Toutes ces démarches, c'est sur le plan juridique uniquement, pour nous ça ne change rien, sauf une chose.

— Laquelle ?

— On inverse les rôles : à partir de maintenant vous êtes la maman officielle et c'est moi qui deviens le parrain.

Ils passèrent à table et pendant le repas qui fut tout à fait honorable, ils ne cessèrent de parler. Un peu de Julie et beaucoup d'Agnès.

Au moment de partir, Antoine lui dit :

— Mon avocat s'occupe de tout, je vous tiendrai au courant. Au fait, je ne vous en ai jamais parlé, mais peu de temps après le décès d'Agnès, j'ai reçu par la poste le dossier d'adoption de Julie qu'une personne bien intentionnée avait pris la peine de m'envoyer. Elle l'avait trouvé dans une cabine téléphonique à Roissy. Il faudra que vous me racontiez un jour comment vous avez fait pour retrouver Julie, car ça relève du miracle…

58

Assise sur la terrasse de son amie Corinne, Isabelle regardait Julie s'ébattre sur la pelouse avec Stéphane. Elle observait, émue, le garçon de onze ans remplir la mission de protection dont il s'était investi depuis le début.

— Il a trouvé la petite sœur que je ne pouvais pas lui offrir, fit remarquer Corinne sur un ton à travers lequel Isabelle sentit poindre quelques regrets.

La visite d'Antoine et la décision qu'ils avaient prise ensemble avaient remis la tête d'Isabelle sur les épaules. L'épisode de « l'enlèvement » de Julie était derrière elle, à présent ; et si sa nouvelle responsabilité n'était pas encore officielle devant la loi, elle l'était suffisamment à ses yeux pour qu'elle se fasse appeler maman par Julie. En prenant conscience qu'elle assumait enfin ses actes passés, sans toutefois les lui dévoiler, elle s'était sentie prête à revoir Corinne. Aujourd'hui, elle avait retrouvé son amie et leur intimité d'autrefois.

— Tu sais que Stéphane est le bienvenu à la maison ! répondit-elle. On s'aperçoit quelquefois depuis que j'habite le village de Maryvonne.

— Oui, il me parle souvent de toi. Il t'adore…

— C'est génial que Julie ait aussi trouvé un frère. À nous quatre on forme une petite famille, non ? Enfin toi, tu vois encore tes parents…

— C'est dur ce qui t'est arrivé avec les tiens, reconnut Corinne. Nous, on se revoit, mais c'est encore tendu quelquefois. Ça a été long avant qu'ils acceptent le fait que mon enfant n'aurait jamais de père, même de substitution, et ça ne s'arrange pas avec l'âge.

Le téléphone sonna et Corinne partit répondre. Isabelle se leva, alla s'allonger dans l'herbe près des enfants et se laissa caresser par le soleil qui jouait à cache-cache avec les nuages. Elle sentit le sommeil l'engourdir et s'assoupit un moment. Lorsqu'elle ouvrit les yeux, le ciel s'était assombri et ils étaient tous rentrés dans la maison. Elle les rejoignit en frissonnant :

— Désolée, j'ai eu un coup de barre terrible. J'ai tout le temps sommeil en ce moment. Je ne sais pas pourquoi. C'est bien d'avoir un jardin, quand même. Il faudrait que je cherche autre chose maintenant que j'ai Julie, mais je suis bien dans le village et j'aime tellement ma maison.

— C'est vrai qu'il est chouette, ce village !

— C'est grâce à toi que je l'ai connu. N'empêche que je te dois une fière chandelle, quand j'y pense… Si je ne t'avais pas eue quand j'ai quitté Andrew, je crois que je n'aurais pas tenu le coup.

— C'est du passé, tout ça…

— Oui, fit Isabelle avec un soupir. On ne peut pas revenir en arrière, mais j'ai quand même une sacrée impression de gâchis. Quand je pense que j'ai suivi les conseils de cet abruti de gynéco qui m'avait dit que si je voulais tomber enceinte, il fallait que j'arrête de voler. Tu parles ! Il s'est gouré sur toute la ligne. Maintenant, j'ai une vie tout ce qu'il y a de plus régulière, et pourtant ça n'a pas empêché mes règles de disparaître à nouveau.

— En tout cas, dis-toi que c'est mieux pour Julie que tu aies été reclassée au sol. Quand on part plusieurs jours et qu'il n'y a pas de père à la maison, c'est vraiment difficile pour eux.

Isabelle revit l'air triste de Stéphane le soir de Noël et se dit qu'elle avait raison.

* * *

Isabelle, prise de nausées, se leva précipitamment du comptoir, et abandonnant ses collègues, courut aux toilettes. À son retour, elle avait retrouvé des couleurs et quand elle reprit sa place, sa voisine la considéra d'un air entendu et lui dit :

— Dis donc, tu devrais peut-être aller faire un test, toi.

Isabelle haussa les épaules. Cette mère de famille nombreuse n'avait que ça à l'esprit. Il lui semblait qu'elle l'avait davantage vue porter la robe de maternité que l'uniforme normal. Elle était agacée que quelqu'un qui ne connaissait rien de sa vie se permette de s'en mêler.

Il était vrai qu'elle se sentait patraque depuis quelque temps. Elle avait probablement une intoxication alimentaire, ou une intolérance au lait ou à l'un des autres produits dont elle avait tendance à un peu trop abuser. Elle était consciente de mal se nourrir. Il y avait aussi cette somnolence qui la surprenait de plus en plus souvent, l'obligeant parfois à lutter pour ne pas s'endormir à l'enregistrement. Elle savait que la fatigue était un mauvais signe. Elle fut incapable de se souvenir à quand remontaient les premiers symptômes. Brusquement, elle sentit son sang se glacer : et si elle avait une maladie grave et qu'elle mourait, qui s'occuperait de Julie ? Son horreur d'aller chez le médecin n'avait fait que s'accentuer avec ce qu'elle avait subi. Mais son état n'était pas normal, elle en convenait, et elle résolut d'aller consulter un généraliste sans tarder.

Cette fois-ci, elle avait choisi une femme. Allongée sur la table d'examen, elle la regardait d'un air anxieux palper son ventre, essayant de capter un indice sur son visage. Elle ne semblait pas inquiète. Elle lui dit :

— Tout paraît satisfaisant du côté digestif. Vous êtes réglée correctement ?

Isabelle soupira. Elle n'avait aucune envie de déballer toute son histoire et pourtant elle allait devoir le faire. Elle essaya de la lui résumer plus le rapidement possible. Le médecin lui demanda :

— Vous vous souvenez de la dernière fois que vous les avez eues ?

Isabelle réfléchit et répondit :

— Ça doit bien faire trois mois…

— Et vous êtes toujours suivie par un gynécologue ?

Isabelle secoua la tête.

— J'imagine qu'avec votre problème, vous ne jugez pas utile d'utiliser un moyen contraceptif…

Isabelle se sentit rougir et lui avoua :

— De toute façon, je n'ai pas de petit ami.

Elle commençait à l'irriter, avec ces remarques inquisitrices qui n'avaient rien à voir avec ses maux d'estomac. Mais le médecin insista :

— Vous êtes sûre que vous n'avez eu aucun rapport sexuel ces derniers mois ?

— Vous n'êtes quand même pas en train d'insinuer que je suis enceinte ! Regardez mon ventre, il est à peine ballonné.

Elle lui palpa les seins et Isabelle émit un petit gémissement de douleur.

— Vous avez pourtant bien remarqué que vos seins étaient gonflés et douloureux !

— Mais c'est comme ça chaque fois que j'attends mes règles !

La doctoresse cligna des yeux et secoua la tête d'un air désolé.

— Bon, je vais vous prescrire des examens médicaux, mais tout cela ressemble fort à un déni de grossesse.

Isabelle sentit ses yeux s'emplir de larmes de rage. Un déni de grossesse ! N'importe quoi ! Comment pouvait-elle oser lui dire cela après tout ce qu'elle lui avait raconté sur sa difficulté à tomber enceinte ? Seule sa bonne éducation la retint de quitter immédiatement son cabinet.

Une semaine plus tard, elle passa au laboratoire pour récupérer les résultats de ses analyses. Il lui restait quelques courses à faire et elle préféra attendre d'être rentrée chez elle pour en prendre connaissance. Elle n'était plus vraiment inquiète car elle se sentait beaucoup mieux. Vu la quantité de sang qu'ils lui avaient prise, elle avait dû avoir droit à tous les examens possibles et elle se dit qu'au moins elle serait dispensée de médecin pendant un long moment.

Elle fut accaparée par Julie en rentrant et l'enveloppe resta dans son sac. Ce ne fut qu'une fois Julie couchée qu'elle s'en souvint. Cela n'avait pas d'importance. Elle avait laissé son numéro de téléphone au médecin afin qu'elle puisse la prévenir s'il y avait quelque chose de grave, et elle n'avait pas appelé. Elle alla chercher les résultats pour les consulter tout de même. En effet, tout était normal. Elle s'était alarmée pour rien.

Soudain, elle fronça les sourcils. En tournant les feuillets, elle venait de se rendre compte que le médecin lui avait également prescrit un dosage hormonal. Intriguée, elle regarda de plus près et lut : test de grossesse positif. Les lettres se mirent à danser devant ses yeux. Ce n'était pas possible. C'était une blague, une très mauvaise blague.

59

ANDREW REMONTA L'AVENUE FOCH où les feuilles aux tons cuivrés commençaient à joncher le trottoir. Il n'aimait pas le mois d'octobre, annonciateur de l'hiver et de la période de Noël. Cette fête l'enchantait autrefois, mais les Noëls d'aujourd'hui ne ressemblaient plus en rien à ceux de son enfance. Malgré les attentions de sa cousine pour l'intégrer aux siens, Andrew, seul avec sa fille, souffrait. Isabelle faisait battre son cœur aussi fort qu'au premier jour et son amour pour elle était comme une maladie incurable qui le rongeait de l'intérieur. Pourtant, il ne parvenait pas à lui en vouloir d'avoir enfoncé plus profondément le clou dans sa poitrine ; le souvenir de la nuit qu'elle lui avait offerte était sa bouffée d'oxygène.

Ce fut accompagné de cette pensée qu'il monta chez lui et ramassa les lettres éparpillées devant sa porte, preuve que la baby-sitter n'avait pas sorti Élise de la journée. Prêt à lui faire une remontrance, il entra en regardant son courrier lorsque soudain il se figea devant une écriture familière. Ses jambes se mirent soudain à flageoler et il dut s'asseoir avant d'ouvrir l'enveloppe. Après avoir pris une grande inspiration, ne pouvant lutter contre l'espoir qui l'envahissait, il lut :

Cher Andrew,

Je voudrais avant tout te dire que je suis désolée si je t'ai fait du mal. Cette soirée était celle de notre rupture et il était clair pour moi que la nuit que nous passions ensemble, si délicieuse soit-elle, devait être la dernière. Mais ce que j'appellerai le destin et que toi tu nommeras God nous a joué un tour. J'espère que tu es assis pour lire ce qui va suivre car tu ne vas pas en revenir : de cette ultime union est née une petite fille. Je l'aurais bien prénommée Élise, mais tu avais déjà utilisé ce prénom que nous avions choisi ensemble pour notre futur enfant. Elle s'appelle donc Marie, ou plus exactement Mary, car j'ai eu envie d'américaniser son prénom, en souvenir de son grand-père.
J'imagine ta stupéfaction. J'ai eu moi-même beaucoup de mal à me faire à cette idée. J'ai à présent la charge de Julie, une petite Coréenne que je suis en train d'adopter. Tu vois comme la vie est bizarre : moi, la femme condamnée à rester sans enfant, je me retrouve maman de deux petites filles de dix-huit mois d'écart. Ne m'en veux pas de ne te prévenir que maintenant, j'ai eu une grossesse très courte et très difficile. J'étais déjà enceinte de quatre mois lorsque j'ai appris mon état et j'ai dû rapidement m'aliter, risquant à tout moment de perdre le bébé. Mary est née prématurément à sept mois. Ses jours ne sont pas en danger mais elle a été transférée à l'hôpital de la Salpêtrière où elle va rester en couveuse jusqu'à ce qu'elle ait atteint un poids acceptable. Je viens la voir tous les jours. Je ne reste pas trop longtemps car je ne veux pas délaisser Julie non plus. Je ne doute pas un instant que tu veuilles la reconnaître, mais j'ai tu ton nom, te laissant le choix malgré tout. Tu n'auras pas de doute en la voyant. Elle est minuscule et n'ouvre pas encore les yeux, mais je trouve qu'elle te ressemble déjà.
Je pensais ne plus jamais te revoir, Andrew, mais la vie en a décidé autrement et tu es à présent le père de ma fille. Je te laisse mes coordonnées. Tu peux me contacter quand tu veux.
Je t'embrasse tendrement,

Isabelle

Andrew s'effondra sur le canapé avec la lettre serrée entre ses mains. La baby-sitter passa devant lui avec Élise et lui demanda :

— Une mauvaise nouvelle, monsieur ?

* * *

Isabelle quittait l'hôpital où elle venait de voir le pédiatre de Mary. Il l'avait rassurée. Son bébé finissait de se développer, exactement comme s'il avait été encore dans le ventre maternel, et ne présentait aucune anomalie ni pathologie. Il ajouta en plaisantant que si elle trouvait le temps long avant de pouvoir la ramener à la maison, elle n'aurait qu'à imaginer qu'elle n'avait pas encore accouché. Elle lui répondit par un petit sourire crispé ; c'était bien là une réflexion d'homme.

L'annonce de sa grossesse l'avait terriblement choquée et elle avait mis un peu de temps à l'admettre, mais rapidement son ventre s'était mis à grossir et elle avait aussitôt fait corps avec le petit être qu'elle sentait pousser à l'intérieur d'elle-même. Enfin libérée de son complexe, elle était heureuse de porter ce bébé et elle aurait voulu le montrer à la terre entière. Elle n'avait hélas pas eu l'occasion de parader longtemps dans sa robe de maternité à l'aéroport. À sa visite du sixième mois, le gynécologue avait constaté que son col était déjà ouvert et l'avait arrêtée, lui ordonnant de rester allongée le plus souvent possible. C'était compter sans Julie qui n'était pas encore en âge de comprendre que sa maman allait avoir un bébé et qu'elle ne voulait pas négliger. Un soir, elle avait eu des contractions plus violentes que d'habitude, et le liquide qui s'était mis à couler entre ses jambes l'avait avertie qu'elle devait aller à la clinique sans tarder : le bébé s'annonçait avec sept semaines d'avance. Seule une personne ayant déjà accouché pouvait comprendre le vide que l'on ressentait après. Alors elle s'était retenue de dire au médecin : non, apercevoir Mary derrière la vitre de sa couveuse, ce n'était pas du tout la même chose que de la porter encore.

Elle ressentit le besoin de se reposer un peu avant d'aller récupérer Julie, qui à dix-huit mois lui demandait beaucoup d'énergie, et elle rentra directement chez elle. Au moment où elle mettait la clé dans la serrure, elle entendit le téléphone sonner. Elle se précipita le cœur battant. Elle avait le pressentiment que c'était Andrew. Il avait dû recevoir sa lettre à présent et elle craignait sa réaction. Elle n'avait jamais été à l'aise au téléphone et avait toujours préféré s'exprimer par écrit ou en face à face. De plus, elle n'avait pas oublié ce qu'Armelle lui avait dit, et elle n'avait pas voulu qu'il se sente obligé de revenir vers elle.

— Allô ?

— Bonjour, Isabelle.

C'était bien lui. Entendre sa voix après tout ce temps lui parut étrange, mais ne la bouleversait plus. Elle le laissa parler.

— Comme tu t'en doutes, j'ai reçu ta lettre. Je t'avoue que j'ai été déçu que tu ne me l'aies pas annoncé plus tôt, mais je suis vraiment très heureux de cette nouvelle.

Ne voulant pas se justifier au téléphone, elle lui dit :

— On peut se retrouver demain à l'hôpital, si tu veux. Tu feras sa connaissance et nous pourrons aller prendre un verre pour parler de tout ça ensuite.

— D'accord. Je peux être à 17 h 30 devant l'entrée de la Salpêtrière, ça te va ?

Le lendemain, Isabelle l'aperçut de loin. Elle était un peu en retard. Le 13e arrondissement était bien loin de chez elle et, à cette heure-ci, elle avait été prise dans les embouteillages sur le boulevard périphérique. Toujours tiré à quatre épingles, il se tenait devant l'entrée et son piétinement laissait deviner une certaine impatience, voire peut-être de l'anxiété. Elle accéléra le pas et soudain il la vit. Il lui décrocha un sourire et elle ne put s'empêcher de penser qu'il était toujours aussi séduisant. Il avait perdu ses airs de jeune premier, et sa maturité le rendait beaucoup plus touchant.

Ils s'embrassèrent sur les joues, comme deux amis, et pénétrèrent dans le bâtiment de pédiatrie. L'odeur qui se dégageait des couloirs rappela à Isabelle toutes les fois où elle avait dû se rendre à Antoine-Béclère et, en sentant la présence de

Andrew, elle se souvint avec une pointe d'amertume combien il avait été absent à cette époque. Avant de pousser la porte du service de néonatologie, elle lui chuchota :

— Surtout, ne te laisse pas impressionner par le tuyau qu'elle a dans le nez. C'est une sonde gastrique qui sert à la nourrir.

Ils entrèrent dans un long couloir bordé de vitres à travers lesquelles, un peu à la façon d'un aquarium, on apercevait les bébés dans leurs couveuses. Devant l'air déçu de Andrew, Isabelle lui demanda :

— Tu veux la voir de près ?

Il hocha la tête. Elle le fit patienter et disparut derrière une porte. Quelques minutes plus tard, elle lui fit signe d'entrer en lui tendant un masque dont elle s'était également revêtue. Elle le conduisit vers une des couveuses où une infirmière l'accueillit en lui disant :

— Elle a encore pris du poids. Plus que quelques jours et vous pourrez lui donner le biberon.

Andrew ne pouvait détacher ses yeux du petit cube transparent. Il revit Élise quand elle était arrivée chez lui, à quelques jours à peine, et se souvint comme il l'avait trouvée petite. Mary, elle, était carrément minuscule. Il prit la main d'Isabelle. Devant cette enfant qui venait de sceller leur union pour la vie, elle ne chercha pas à la retirer.

* * *

Ils poussèrent la porte du bar et repérèrent au fond une banquette en moleskine où ils seraient tranquilles pour discuter. L'émotion était encore palpable entre eux. Andrew commanda deux coupes de champagne et Isabelle ne s'y opposa pas. Il savait que c'était son péché mignon, et cette fois, elle saurait rester raisonnable. Ils trinquèrent à la naissance de leur fille et, à la lueur qu'elle surprit dans les yeux de Andrew, elle craignit qu'il ne fasse fausse route. Alors elle décida de prendre la parole avant qu'un malentendu ne s'installe :

— Je voudrais que les choses soient claires entre nous, Andrew. Notre petite Mary est l'accomplissement de ce que tu désirais plus que tout et je te confirme ce que je t'ai écrit : elle a créé entre nous un lien indestructible. Je t'ai aimé profondément et j'ai encore pour toi un véritable attachement, mais notre couple a volé en éclats et les morceaux ne pourront jamais se recoller. Tu te demandais pourquoi je ne t'avais pas prévenu lorsque j'ai appris que j'étais enceinte : tout simplement parce qu'il s'agissait de mon corps. Et puis surtout à cause de ce que m'avait dit Armelle.

— Que t'avait dit Armelle ?

— Que tu ne voulais plus entendre parler de moi.

— Ce n'était pas exactement ça. C'était juste que je ne voulais pas te revoir, pour essayer de me guérir de toi.

— Elle était furieuse que j'aie recouché avec toi. Je suis désolée si je t'ai fait du mal…

— Mais tu n'as pas à t'excuser, Isabelle ! Je l'assume parfaitement ! J'avais réussi à résister jusqu'au moment où j'ai trébuché et que je me suis retrouvé sur toi. Toi, tu étais à moitié endormie… C'est moi qui devrais avoir honte. J'ai presque abusé de toi.

— Ne t'inquiète pas pour ça, je ne dormais que d'un œil. Et, pour être honnête, je ne regrette rien.

— Moi non plus, Isabelle. Et n'aie aucun remords, j'avais bien compris que cette nuit serait la dernière, quoi qu'il advienne. Et puis, regarde le résultat…

— Oui, c'était écrit… C'est drôle la vie, quand même.

— Oui, enfin dans le cas présent, moi je trouve ça plutôt triste. Je suis convaincu que si je ne m'étais pas obstiné à vouloir cet enfant à tout prix, tu ne m'aurais pas quitté et qu'aujourd'hui, nous serions deux parents normaux.

— Bah, des parents normaux, ça ne veut rien dire…

— Ça veut dire que nous aurions élevé Mary ensemble !

— Mais nous n'avons pas besoin de vivre ensemble pour ça ! Mary, c'est notre enfant à tous les deux et j'espère bien que nous allons l'élever ensemble. Si tu es d'accord, nous pourrions même continuer à nous voir et passer du temps tous les trois. Nous ne serons pas des parents conventionnels, c'est vrai. Mais on sort déjà un peu de la norme, tu ne trouves pas ? ajouta-t-elle en riant.

60

ISABELLE INSTALLA JULIE dans son siège auto et coucha Mary dans la nacelle du landau qui avait repris du service, puis elle chargea les cadeaux dans le coffre. Pour la première fois de sa vie, Noël lui apparaissait comme une fête. À présent, elle n'avait plus de scrupules à ne pas aller partager la bûche insipide de ses parents qui, à l'annonce de la naissance de leur petite-fille, n'avaient pas manifesté le moindre désir de venir la voir. Elle s'était résignée à leur indifférence et avait pris le parti de ne plus en souffrir.

Elle prit l'autoroute dans une direction qu'elle connaissait bien à présent : la Normandie. La vue du panneau Port-en-Bessin fit affluer les souvenirs dans sa mémoire. Elle passa devant l'hôtel qui avait accueilli ses premiers émois avec Andrew. Elle s'arrêta pour consulter la feuille sur laquelle elle avait noté les indications qu'il lui avait données puis s'engagea dans un dédale de petites rues bordées de maisons de vacances et vit Andrew sur la terrasse. Armelle se tenait près de lui. Dès qu'ils l'aperçurent, tous deux s'approchèrent pour l'aider.

Elle sortit de la voiture et regarda Armelle un instant, puis elles se jetèrent dans les bras l'une de l'autre.

— Pardonne-moi de t'avoir jugée si durement, mais je ne pouvais plus supporter de voir mon cousin aussi malheureux, déclara Armelle.

— C'est oublié, tout ça maintenant, fit Isabelle en lui déposant un baiser sur la joue. Je suis tellement heureuse de te retrouver, Armelle !

Pendant ce temps, Andrew avait sorti les filles de la voiture et les portait toutes les deux dans ses bras vers la maison.

— Attends ! protesta Isabelle. Julie est lourde, maintenant !

Andrew venait de faire l'acquisition de cette grande villa. Il l'avait choisie à proximité de chez Armelle dont la maison était à présent beaucoup trop petite pour recevoir toute la famille, et aussi en mémoire de ce fameux week-end organisé par Isabelle qui avait bouleversé sa vie. Ils entrèrent tous dans la grande pièce au milieu de laquelle trônait un immense sapin de Noël décoré avec amour par Armelle et également, à la grande joie d'Isabelle, une cheminée où crépitaient des bûches. Isabelle laissa les deux cousins s'occuper de ses bébés, auxquels s'étaient jointes Élise et Aurore, la fille d'Armelle.

Elle entendit Armelle dire à Andrew, en parlant de Mary : « Passe-moi ma nièce », et son cœur se gonfla de joie. Elle avait enfin trouvé sa famille.

À ce moment, on sonna à la porte et Andrew lui demanda d'aller ouvrir. Elle poussa un cri de joie et sauta au cou de leur visiteur : elle ne savait pas par quel moyen Andrew avait aussi invité Antoine.

ÉPILOGUE

Élise, postée derrière Julie, regardait l'écran de l'ordinateur par-dessus son épaule. Comme chaque été, ils étaient tous réunis dans la maison de vacances de Andrew. Cette fois, elles avaient laissé Mary et leur cousine Aurore rejoindre la bande de copains sur la plage, profitant de l'absence des adultes pour se retrouver seules à la maison.

Julie tapa sur le clavier et se tourna vers Élise, toute excitée :

— Alors ? Tu trouves ça comment ?

— C'est beau ! s'exclama Élise, en admirant le paysage qui s'affichait devant elles. C'est où ?

— C'est mon pays, répondit Julie fièrement.

— Ben ton pays, c'est la France, non ?

— C'est en France que j'ai grandi, mais tu sais bien que je suis née en Corée, répliqua vivement Julie. Et puis là-bas, il y a ma vraie mère.

— Mais, enfin, Julie ! Ta vraie mère, c'est Isabelle !

— Oui, c'est elle qui m'a élevée et je l'aime comme si c'était ma mère, mais n'empêche que c'est pas elle qui m'a mise au monde.

— C'est pas elle qui t'a abandonnée non plus...

— Je me dis qu'elle n'a peut-être pas eu le choix. Tu sais, depuis quelque temps, je vais sur Internet, voir les témoignages de personnes qui comme moi ont été adoptées, et je ne te raconte pas le nombre d'enfants qui ont été pratiquement volés à leurs mères. Va savoir si c'est pas ce qui m'est arrivé... À l'époque où je suis née, il y avait un véritable trafic. Du coup, j'ai commencé à faire les démarches pour essayer de la retrouver. J'aimerais trop la rencontrer !

— Je ne vois vraiment pas l'intérêt, fit Élise en secouant la tête.

— Mais enfin, c'est normal, j'ai grandi dans son ventre, quand même ! T'as pas envie de la connaître, toi, ta mère ?

Les yeux pervenche d'Élise s'assombrirent.

— Moi, ça n'a rien à voir.

— On a quand même été abandonnées toutes les deux par nos mères, non ?

— Sauf que toi, tu as eu Isabelle, et que moi j'ai grandi sans jamais appeler personne maman.

— Tu n'as jamais cherché à la retrouver ?

— Je ne vois pas pourquoi je chercherais à retrouver quelqu'un qui m'a abandonnée et qui a sans doute oublié que j'existais. Tout ce que je sais, c'est qu'elle m'a déposée à mon père quand j'avais quelques jours à peine et qu'il n'a pas déménagé depuis. Alors si elle avait voulu revenir pour me voir, il y a longtemps qu'elle l'aurait fait, tu ne crois pas ?

— Elle n'a peut-être pas osé. Tu en as déjà parlé avec ton père ?

— Il a esquivé le sujet à chaque fois que j'ai essayé de l'aborder. Je n'ai pas insisté, je pense que c'est trop douloureux pour lui. Je ne sais pas combien de temps avait duré leur relation, mais il devait bien avoir des photos d'elle. Il n'a jamais voulu me les montrer. Il m'a dit qu'il ne les avait pas gardées. Alors j'ai décidé de faire comme si elle n'avait jamais existé... De toute façon, c'est trop tard.

— C'est jamais trop tard, Élise ! Elle t'a manqué ?

— Franchement ? Pas vraiment. C'est par rapport aux autres que ça m'a gênée. Surtout au lycée, quand je dois remplir la case « nom de la mère » ; je t'assure que j'aurais préféré écrire *décédée* qu'*inconnue*. Ça t'a manqué, toi, un père ?

— Non. D'ailleurs, Andrew, c'est presque comme mon père aussi. Et puis j'ai mon parrain.

— OK, mais tu n'as pas eu de vrai père non plus. Alors pourquoi tu tiens absolument à retrouver ta mère biologique et pas ton père ?

— Ben, j'imagine qu'il l'a laissée tomber…

— Ça, tu n'en sais rien ! Peut-être qu'ils étaient trop pauvres pour t'élever.

— Ah, tu vois que ça vaut le coup de faire des recherches pour savoir…

Élise se tut un instant. Puis elle dit :

— Tu en as parlé à Isabelle ?

— Surtout pas ! J'aurais trop peur de lui faire de la peine. Et puis, c'est encore mon secret. Il n'y a qu'à toi que j'en ai parlé.

— Et si tu la retrouves…

— J'irai la voir en Corée.

— Ah ouais, tu partirais comme ça toute seule, au bout du monde ? À seulement dix-huit ans ?

— La Corée c'est pas si loin, et puis, tu sais, j'ai l'habitude de voyager. J'ai les GP jusqu'à vingt-cinq ans, il faut que j'en profite.

— Les quoi ?

— Les GP, tu sais bien, les billets réduits grâce auxquels Isabelle m'a emmenée visiter tant de pays.

— Et là, tu partirais sans elle ?

— Je lui en parlerai avant, bien sûr, même si je suis majeure maintenant et que je ne suis pas obligée.

— Quand même, c'est vraiment pas cool ! Après tout ce qu'elle a fait pour toi…

— Oh, mais arrête ! Je le sais, tout ça… Tu ne vas pas dire comme mon parrain !

— Qu'est-ce qu'il dit, Antoine ?

— Il parle d'Isabelle comme si c'était une sainte et dès que j'ai une parole de travers, il me dit que si elle ne m'avait pas sauvée, j'aurais été élevée dans un orphelinat.

Prises par leur conversation, les deux filles n'avaient pas entendu rentrer Armelle. Debout dans l'entrée, elle avait suivi leurs échanges, tressaillant à chacune de leurs paroles, se faisant violence pour ne pas intervenir et rétablir la vérité.

Mais c'était trop tard ; elles s'étaient construites sur des mensonges dont elle-même avait été complice, rayant d'un trait Agnès et Carole et transformant leurs bourreaux en héros. Armelle observa les deux jeunes filles et eut une pensée pour leurs mères, contraintes de les abandonner parce qu'on leur avait imposé une grossesse dont elles ne voulaient pas ; elle revit tous les bébés qu'elle avait aidés à naître et se demanda combien d'entre eux avaient été réellement désirés.

Elle entra dans la pièce principale et lança :

— Ben alors les filles, vous n'êtes pas à la plage avec ce beau temps ?

Armelle vit aussitôt l'écran de l'ordinateur s'éteindre, et elles se retournèrent en répondant d'une même voix :

— On avait un truc à regarder, mais on a fini. On va aller rejoindre les autres…

Armelle garderait ce qu'elle avait entendu pour elle. Ce secret viendrait s'ajouter à ceux que Andrew et Isabelle lui avaient confiés ; elle seule savait à quel prix ils avaient eu leurs enfants.

Ils vous regardent innocemment,
Vous sourient d'un air confiant,
Ces petits venus si loin
Chercher un nouveau destin.

Ils se serrent contre vous,
Ils s'accrochent à votre cou,
Ces enfants déracinés,
Ces bébés abandonnés.

Ils ont eu froid, ont eu peur,
Vous avez séché leurs pleurs.
Maintenant, abasourdis,
Ils écoutent tout ce bruit.

Les odeurs, les voix, les gens,
Tout pour eux est différent.
Ils vont devoir s'adapter
À ce pays étranger.

Ils ignorent qu'ils ont déjà
Une maman et un papa
Que le sort a désignés
Et qu'ils vont pouvoir aimer.

Des parents remplis d'amour
Qui attendaient ce grand jour
Depuis des mois et des mois
Et qui leur tendent les bras.

Roissy, novembre 1984

NOTE DE L'AUTRICE
PETIT RAPPEL HISTORIQUE

Au cours de cette lecture, peut-être avez-vous trouvé étrange qu'Agnès et Antoine n'aient eu aucun interlocuteur en France, ou que les services sociaux ne soient pas intervenus auprès de Julie. Il est certain qu'aujourd'hui, elle aurait été rapidement localisée et remise à ses parents adoptifs. Mais ne perdons pas de vue que l'histoire se déroule dans les années 1980, époque où les adoptions internationales se multipliaient et, paradoxalement, n'étaient pas contrôlées.

Voici un petit rappel historique sur l'encadrement de l'adoption internationale :

Loi du 25 juillet 1985 : Pour adopter un enfant à l'étranger par le biais d'un organisme autorisé pour l'adoption (OAA), obligation d'obtenir au préalable un agrément de la DDASS.

À partir de 1989, les organismes agréés pour l'adoption doivent obtenir une autorisation du président du Conseil général de chaque département dans lequel ils placent des enfants, et une habilitation du ministère des Affaires étrangères.

Parallèlement, il est toujours possible d'adopter un enfant à l'étranger en démarche individuelle.

29 mai 1993 : ***Convention de La Haye*** *sur la protection des enfants et la coopération en matière d'adoption internationale,* **ratifiée par la France en 1998**. Elle donne des cadres précis visant notamment à supprimer les possibilités d'adopter en démarche individuelle. L'adoption dans les États étrangers signataires ne peut se faire que par l'intermédiaire d'un organisme agréé.

Loi de juillet 2005 réformant l'adoption. Deux objectifs principaux :

- harmoniser la procédure d'agrément sur l'ensemble du territoire national ;
- mieux accompagner les démarches d'adoption à l'étranger.

2006 : création de l'agence française d'adoption. L'AFA est une agence publique placée sous la tutelle des ministères des Affaires étrangères et européennes, de la Famille, de la Justice et de l'Intérieur. Créée par la loi du 4 juillet 2005, elle a pour mission d'informer, de conseiller et d'accompagner les familles, et de servir d'intermédiaire pour l'adoption de mineurs étrangers de quinze ans.

Je remercie Yves Denéchère, professeur d'histoire contemporaine à l'université d'Angers, dont les articles et le livre *Des enfants venus de loin, histoire de l'adoption internationale en France* (Armand Colin, 2011) m'ont permis d'appuyer sur des recherches solides ce roman qui, ne l'oublions pas, reste malgré tout une fiction.

REMERCIEMENTS

Je m'adresserai en premier lieu aux lectrices et lecteurs de mon recueil *Embarquement immédiat* qui m'ont avoué être restés sur leur faim après la chute de la nouvelle intitulée : « Un enfant à tout prix ».

C'est grâce à eux qu'est né ce roman, que j'ai nommé de la même manière, et je les remercie de m'avoir poussée à développer une histoire dont le sujet me tenait vraiment à cœur.

Merci donc à Andrea, mon agent littéraire de chez Librinova, à qui je confie toujours la première lecture de mes textes, pour son retour enthousiaste.

Merci également à Aurélie, ma libraire, qui m'a proposé d'être ma bêta lectrice et dont j'ai suivi les conseils avisés.

Merci à Danaé, la responsable éditoriale, d'avoir accueilli mon texte.

Merci à Manon Malais, l'éditrice qui m'a accompagnée, pour ce merveilleux travail effectué ensemble.

Merci à Alice et à toute l'équipe éditoriale de Charleston pour leur réactivité et leur professionnalisme.

Merci à Laury-Anne qui a remplacé Danaé pendant son congé maternité, pour le choix de la couverture.

Et surtout, merci à Clarisse de m'avoir fait confiance en me présentant à sa maison d'édition.

Chers lecteurs, chères lectrices, *Un enfant à tout prix* est entre vos mains à présent, et j'espère que vous aurez autant de plaisir à le lire que j'en ai eu à l'écrire.

Cet ouvrage est composé de matériaux issus de forêts gérées durablement certifiées PEFC™.
Le Programme de reconnaissance des certifications forestières (PEFC™) est le plus grand organisme mondial indépendant de contrôle pour une gestion durable des forêts. Pour en savoir plus, consultez le site www.pefc-france.org

PEFC™
10-31-3068

Certifié PEFC
Ce produit est issu de forêts gérées durablement et de sources contrôlées.
pefc-france.org

Achevé d'imprimer en juin 2020
par CPI Bussière
À Saint-Amand-Montrond (18)
Dépôt légal : juillet 2020
N° d'impression : 2050422
Imprimé en France